디자이너를 위한 웹 성능 최적화 기법

DESIGNING FOR PERFORMANCE

Designing for Performance
by Lara Callender Hogan

Authorized Korean translation of the English edition of DESIGNING FOR PERFORMANCE
ISBN 9781491902516 ⓒ 2015 Lara Callender Hogan.

Korean-language edition copyright ⓒ 2016 Insight Press

This translation is published and sold by permission of O'Reilly Media, Inc., which owns or controls all
rights to publish and sell the same.

디자이너를 위한 웹 성능 최적화 기법

초판 1쇄 발행 2016년 2월 1일 **지은이** 라라 칼렌더 호건 **옮긴이** 정용식 **펴낸이** 한기성 **펴낸곳** 인사이트 **편집** 정수진 **제작·관리** 박미경
용지 에이페이퍼 **출력·인쇄** 현문인쇄 **제본** 자현제책 **등록번호** 제10-2313호 **등록일자** 2002년 2월 19일 **주소** 서울시 마포구 잔다리로
119 석우빌딩 3층 **전화** 02-322-5143 **팩스** 02-3143-5579 **블로그** http://blog.insightbook.co.kr **이메일** insight@insightbook.
co.kr **ISBN** 978-89-6626-177-2 책값은 뒤표지에 있습니다. 잘못 만들어진 책은 바꾸어 드립니다. 이 책의 정오표는 http://www.
insightbook.co.kr/80195에서 확인하실 수 있습니다. 이 도서의 국립중앙도서관 출판예정도서목록(CIP)은 서지정보유통지원시스
템 홈페이지(http://seoji.nl.go.kr)와 국가자료공동목록시스템(http://www.nl.go.kr/kolisnet)에서 이용하실 수 있습니다.(CIP제어번호:
CIP2016000917)

ProgrammingInsight

디자이너를 위한
웹 성능 최적화 기법

DESIGNING FOR PERFORMANCE

라라 칼렌더 호건 지음
정용식 옮김

인사이트
insight

이 책을 어머니와 아버지에게 바칩니다.

하나뿐인 꿈이 산산조각 나더라도
부서진 꿈 중 하나를 집어 다시 시작하기를 결코 두려워하지 마세요.
조각 하나하나가 믿고 나아갈 새로운 꿈이 될 수 있습니다.
이 과정은 여러분을 강하게 만들고, 삶을 살아가는 데 도움을 줄 것입니다.

- 플라비아 위든

차례

1장 성능이 곧 사용자 경험이다   1

2장 페이지 속도의 원리   15

5장 반응형 웹 디자인 107

6장 반복적 성능 측정 125

옮긴이의 글

인간은 분업과 전문화를 통해 눈부신 변화를 이루어냈다. 자신의 업무에 대해서는 깊이 있는 이해를 갖춘 전문가가 되고 상대의 업무는 존중하며 침범하지 않는 것이 미덕이 되었다. 웹사이트를 개발하는 일에서도 그렇다. 책 속의 이분법에 따르자면 성능은 개발자, 아름다움은 디자이너가 담당하고 있다.

그 결과 네트워크 환경과 웹 관련 기술이 계속 발전하고 개발자와 디자이너가 자신의 역할을 충실히 하는데도 웹 페이지의 성능은 크게 개선되지 못하고 있다. 정확히는 성능의 여지가 생기는 만큼 다양한 기능과 아름다운 그래픽이 그 자리를 채우고 있다. 저자는 이 상황을 타개하고 성능 개선을 이루려면 웹사이트에 관련된 모든 사람이 함께 고민해야 한다고 말하고 있다. 이 책에 대한 스티브 사우더스의 추천사에 포함된, 개발자와 디자이너가 서로의 영역을 침범하는 것에 도전할 생각을 차마 하지 못했다던 짧은 회고는 이 주장이 얼마나 급진적인지 간접적으로 느낄 수 있게 해준다.

역자로서 이 책의 가장 좋은 점을 꼽으라면 그래서 '어떻게' 해야 하는가에 대해 상세히 설명한다는 것이다. 좋은 이야기라는 것을 알아도 실천 방법을 모른다면 헤매기 쉬운데, 이 책은 매 장마다 성능을 위한 모범 사례들이 가득하다. 여러분이 성능에 좋다는 것은 모두 해보았는데 여전히 충분한 성능 개선을 이루지 못했다면 이 책을 따라가 보길 권한다.

개인적으로 성능을 이야기하면서 제품 디자이너나 크리에이티브 디렉터가 언급되는 것은 생소했고, 디비티스(Divitis)나 쟁크(Jank) 같은 증상은 한국어로 옮기기 어려웠다. 아마도 한국에서는 아직 성능 개선이 웹 개발의 한 분야로 자리 잡지 못했기 때문이라 생각한다. 이 책이 웹 페이지의 성능 개선을 고민하는 사람들에게 조금이라도 도움이 된다면 역자로서 더할 나위 없이 기쁠 것이다.

마지막으로 늘 의지가 되는 지적인 아내와 이제 막 세상을 향한 첫 걸음을 시작하는 돌쟁이 아들, 그리고 부모님께 고맙다는 말을 전하고 싶다.

- 2015년 정용식

추천의 글

"이 책은 더 빠른 사이트를 만들고 싶은 디자이너와 개발자 모두에게 권할 만하다. 저자는 성능이 더 좋은 사이트를 만드는 방법뿐 아니라 사이트 출시 후에도 조직 내에서 성능을 가장 중요하게 생각하도록 만드는 방법을 신중한 어조로 명료하게 설명하고 있다."

- 팀 카들렉(Tim Kadlec), 프리랜서 개발자 및 컨설턴트

"웹 경험에서 사용자가 아름다움보다 성능을 통해 감동을 더 받긴 어렵지만 아름다움만큼의 감동을 줄 수는 있다. 이 책은 성능이 단순한 기술 모범 사례가 아니라 디자인 시 고려해야 할 필수적인 사항이라는 것을 이해하는 데 도움이 된다는 점에서 매우 유효하다. 저자는 업무 전반에 성능을 고려하는 문화를 정착시키고자 하는 사람을 위한 충분한 팁과 모범 사례들을 소개하고 있다."

- 브래드 프로스트(Brad Frost), 웹 디자이너

"속도는 디자인의 중요한 부분이다. 웹사이트나 앱이 아름다워도 사용자를 무한정 기다리게 한다면 아무도 보지 않을 것이기 때문이다. 이 책은 사용자가 빠른 웹 경험을 할 수 있도록 디자이너가 알아야 할 지식을 잘 설명하고 있다."

- 제이슨 그릭스비(Jason Grigsby), 클라우드 포 공동 창립자

"디자인은 성능 전략의 기초다. 디자인은 사용자 경험과 기대, 사이트 형식 개발을 정의하고, 동작에 직접적으로 영향을 미친다. 디자이너나 개발자라면 모두 이 책을 읽어야 할 것이다."

— 일리아 그리고릭(Ilya Grigorik), 구글 웹 성능 엔지니어

"사이트를 아름답게 만들기 위한 선택들이 성능에 얼마나 영향을 미치는지, 모바일 네트워크가 사이트의 사용자 경험을 어떻게 저하시키는지 궁금했다면 이 책을 읽어보자. 이 책은 성능에 대한 의식을 높이기 위해 회사 내부에서 실행 가능한 전략뿐 아니라 성능 향상을 위해 개선해야 할 곳을 측정하고 고치는 데 도움이 되는 도구를 알려준다. 최고의 성능이 곧 좋은 디자인이다."

— 제이슨 허프(Jason Huff), 엣시(Etsy) 제품 디자인 관리자

스티브 사우더스의 추천사

앞으로는 성능 개선 사례가 디자이너들 사이에서 얼마나 널리 회자되는
지에 따라 모범 사례인지 아닌지가 결정될 것이다.

내가 처음 성능 모범 사례를 수집하기 시작했을 때에는 페이지에 포
함된 콘텐츠의 양에 관계없이 할 수 있는 최적화 방법에만 집중했다. 나
는 '성능 대 디자인' 논쟁을 피하고 싶었다. 논쟁이 시작되면 디자이너
가 이길 것이라 생각했기 때문이다. 콘텐츠와 무관한 성능 개선 방법은
여전히 많다. 예를 들면 gzip나 CDN 서비스, 헤더 캐싱, 무손실 이미지
최적화, 도메인 샤딩 등의 방법들 말이다.

그때가 2004년이다. 현재는 효과가 검증된 수많은 최적화 방법이 이
미 다양한 곳에 적용되었다. 그럼에도 불구하고 빠르고 즐거운 사용자
경험을 제공하는 일이 도전으로 느껴질 만큼 웹사이트의 크기와 복잡성
은 나날이 커지고 있다. 그래서 더 역동적이고 풍부해진, 그리고 모바일
기기에 맞춘 웹 콘텐츠가 성능에 미치는 영향을 고려해야 더 빠른 웹사
이트를 만들 수 있다. 그나마 다행인 것은 개발자와 디자이너가 사용자
에게 최상의 웹 경험을 주기 위한 지식을 공유할 수 있다는 것, 그리고
이 책에는 그 지식이 가득하다는 것이다.

웹사이트가 아름다워야 매력적인 사용자 경험을 제공할 수 있다는 것
은 의심의 여지가 없다. 모범 사례와 성공 사례, 속도의 중요성에 대한
주장들이 10년간 축적된 현재에는 웹 성능도 사용자 경험에 핵심적인
것으로 인식되고 있다. 이제는 논쟁이 아닌 토론을 통해 디자인과 성능
이 협업하며 아름다운 사용자 경험을 만들어낼 시간인 것이다.

나는 의도적으로 '아름다운'이란 단어를 사용하는 편이다. 웹사이트

의 디자인을 설명할 때 종종 아름답다거나 상쾌하다, 매력적이다, 흥미진진하다 같은 단어를 쓰는데 그 형용사들은 빠른 웹사이트 경험에도 똑같이 적용될 수 있다. 버벅거림과 느린 반응에 좌절했던 사용자라면 최적화된 웹사이트를 보고 아름답다고 느낄 것이기 때문이다.

이 책 덕분에 디자이너와 개발자는 협업하는 방법을 알게 되었다. 이 책의 저자는 책 내용 전반에서 중요한 질문을 던지고 그 질문에 대한 답을 주고 있다. 또 타협이 필요한 문제에 직면했을 때 성공적인 팀들은 어떻게 이 문제를 해결하였는지에 대한 수많은 예제를 제공하고 있다. 그 중에서도 코드와 목업(mockup)이 아직 완성되기 전인 프로젝트 초기부터 토론을 시작해야 성능을 위한 장애물을 인지하고 해결할 시간을 가질 수 있으며, 사용자가 당연히 누려야 할 아름다운 웹 경험을 디자이너나 개발자가 제공할 수 있다고 말하는 부분이 이 책이 전하는 가장 중요한 메시지라고 생각한다.

- 스티브 사우더스(Steve Souders), 패스틀리(Fastly) 성능 최고 책임자
『웹사이트 최적화 기법』(ITC, 2008), 『초고속 웹사이트 구축』(위키북스, 2010)의 저자

랜디 J. 헌트의 추천사

디자이너는 디자인이 케이크 위 장식처럼 무엇인가를 아름답고 돋보이게 하는 장식 정도로 취급 받으면 우울해진다. 장식이 중요하지 않은 것처럼 보이기 때문이다.

처음에는 보통 속이 더 중요하다고 생각한다. 케이크에서는 맛이 깃든 가운데가 속이라고 할 수 있겠다. 그래서 케이크의 이름은 당근 모양 장식에 의해 결정되는 것이 아니라 크림치즈라는 맛에 의해 결정되는 것처럼 말이다. 오, 부드럽고 풍부하고 풍미가 살아있는 크림 속이여. 하지만 우리는 장식과 사랑에 빠진 사람들이다. 우리 디자이너는 장식의 더 중요한 면을 찾아야 한다.

어쨌든 시간이 지나면서 생각이 바뀌고 그때의 우리는 과거의 우리와 다툴 것이다. 속뿐만 아니라 장식도 가치가 있다고. 아, 장식! 장식은 케이크에 대한 생각과 느낌에 영향을 줄 수 있다. 심지어 먹어보기도 전에 말이다. 사람들이 케이크를 처음 볼 때 보게 되는 것이 장식이니까 말이다.

더 많은 시간이 지나면 다시 한번 생각하게 된다. 이제 여러분은 장식과 속 모두가 중요하다고 생각하게 될 것이다. 장식과 속은 서로를 완성시키고 함께 케이크를 구성한다. 장식은 케이크의 레이어를 붙잡아준다. 케이크의 각 레이어들은 장식을 올릴 기초와 이유를 제공하고 크기에 영향을 미친다. 이제 우리는 케이크의 속만큼이나 장식에 대해서도 많이 신경 쓰기 시작했고 그 결과 장식(형식)과 속(콘텐츠)이 어우러져 만족스러운 하나의 케이크(사이트)를 만들 것이다.

종종 디자이너들은 이쯤에서 멈춘다. "짜잔! 해냈어! 능숙하면서 섬

세하게 디자인을 표현할 수 있는 디자이너가 되었어!"라고 외치면서 말이다.

하지만 이정도로는 여전히 완벽한 케이크를 만들 수 없다. 가장 중요하면서 동시에 자주 간과되는, 보이지 않는 디테일들을 놓쳤기 때문이다. 예를 들면 재료 품질은 어떤지, 재료의 사용비율은 정확한지, 주방기기를 적절한 타이밍에 사용했는지, 어떤 재료를 언제 섞는지, 먼 곳으로 배달할 때 케이크가 변하지 않도록 할 수 있는 일은 무엇인지 같은 것들 말이다.

마찬가지로 사용자 경험을 디자인할 때도 우리는 보이지 않는 디테일 하나하나까지 신경 써야 한다. 일일이 신경 쓸 것을 생각하면 처음부터 보이지 않는 것은 무시하는 것이 현명할지도 모르겠다. 하지만 최고의 케이크를 만들겠다는 책임감이 있는 사람이라면 꼭 해야 할 일이다. 그 디테일들은 우리가 디자인 자체의 컨텍스트를 조작할 수 있게 해준다. 디테일들은 때로는 이미지 압축의 미묘한 차이처럼 기술 깊숙한 곳에 있기도 하고, 브라우저가 웹 페이지를 렌더링하는 방법처럼 디자인의 영역 밖에 있기도 하다.

보통 초보 디자이너는 표면만 본다. 숙련된 디자이너는 그 표면 안에 숨겨진 콘텐츠와 내용을 본다. 하지만 모든 것에 통달한 디자이너라면 표면과 콘텐츠, 목적 등을 이해하고 컨텍스트를 조작하고자 할 것이다.

이 책은 여러분이 전에는 보지 못했지만 디자인이 잘 동작하는 데 중요한 속성들을 이해하고 더 나아가 제어할 수 있게 도와준다. 이 책은 맛있다. 아무쪼록 천천히 맛보면서 여러분이 디자인한 사이트가 더욱더 빨라지기를 바란다.

- 랜디 J. 헌트(Randy J. Hunt), 엣시(Etsy) 크리에이티브 디렉터
『Product Design for the Web: Principles of Designing and Releasing Web
Products』(New Riders, 2013)의 저자

머리말

여러분이 웹사이트의 디자인이나 느낌을 결정하는 사람이라면 여러분이 내리는 결정이 사이트의 성능에 직접적인 영향을 미치게 될 것이다. 직함이 디자이너가 아니라도 마찬가지일 것이다. 그러므로 성능에 영향을 미치는 조직 내의 모든 사람은 사이트의 성능에 대한 책임이 있다. 속도와 미적 완성도 중 어느 쪽에 무게를 둘 것인가를 정할 때, 사이트의 성능이 가장 중요한 판단 기준이라고 경영진을 설득해야 하고, 조직 내부의 디자이너나 개발자를 교육할 때는 사이트 속도를 높일 수 있는 다양한 도구와 기술을 소개하고 가르쳐야 한다.

디자이너는 페이지 로딩 시간과 체감 성능에 전반적으로 영향을 줄 수 있는 독특한 위치에 있다. 이는 디자인 과정에서 한 결정이 사이트의 최종 결과에 막대한 영향을 미치기 때문이다. 그래서 필자는 디자이너가 마크업과 이미지를 최적화하여 배치해야 하고, 이것이 페이지 속도를 좌우한다는 것을 스스로 이해해야 한다고 본다. 또한 디자이너가 최종 사용자의 경험을 개선하기 위해 성능과 미적 완성도 사이의 균형을 가늠해보는 것도 필수적이다. 또한 성능 개선으로 인한 변화가 주는 영향을 비즈니스 지표로 측정하는 능력도 보유해야 할 것이다.

필자는 프론트엔드 성능에 대해 많은 사람들과 대화하거나 워크숍 등을 하면서 성능 이슈의 핵심은 기술이 아니라 문화라는 것을 알게 되었다. 아무도 성능 '경찰'이나 성능 '문지기'처럼 혼자서 모든 책임을 감당하길 원치 않는다. 사실 사이트의 사용자 경험에 대한 책임은 관련된 모두가 함께 지고 있기 때문에 이런 식으로 역할을 구분하면 사이트의 성능을 능동적으로 개선할 수 없다. 이 책은 성능 개선을 위한 기술과 기법에 초점을 맞추고 있고 마지막 장은 기술만으로는 해결할 수 없는, 성능 중심 문화의 부재로 인해 생기는 문제와 해결법을 다루고 있다. 사실 문화를 바꾸는 것이 아마도 사이트 성능 향상을 이루는 데 있어 가장 어려운 문제일 것이다.

필자는 엣시(Etsy)에서 엔지니어링 매니저로 일하고 있어서 이 책에는 엣시 사이트와 엔지니어링 팀의 경험이 다수 포함되어 있다. 현재 성능 엔지니어링 팀을 관리하고 있고 그 전에는 모바일 웹 엔지니어링 팀이었다. 그동안 수많은 훌륭한 디자이너들과 긴밀하게 작업했는데, 그런 분들을 위해 관련 서적을 집필했다는 것이 정말 기분 좋다.

이 책의 구성

이 책에서는 성능을 향상시키고자 할 때 사용할 수 있는 다양한 온라인 도구와 소프트웨어를 살펴본다. 이미지 생성을 다루는 장에서는 이미지 편집 소프트웨어로 포토샵을 사용할 것이다.

1장에서는 페이지 로딩 시간이 여러분의 사이트에서 사용자 경험에 미치는 영향을 다룬다. 페이지 로딩 시간은 사용자 경험을 이루는 다양한 요소 중 하나이다. 점점 더 많은 사람이 모바일 기기로 인터넷에 접속하면서, 모바일 네트워크와 하드웨어가 페이지 로딩 시간에 어떤 악영향을 끼치는가와 같은 성능 문제가 큰 관심사로 떠오르고 있다. 결국 디자이너는 전반적인 사용자 경험뿐 아니라 페이지 로딩 시간까지도 개선할 수 있어야 한다.

2장은 페이지 로딩 시간을 조절하는 기법을 다룬다. 사이트 성능을 향상시키기 위한 주요 개선점들이 브라우저와 관련이 있기 때문에 브라우저가 사이트의 콘텐츠를 가져와 렌더링하는 과정을 이해하는 것은 매우 중요하다. 또한 체감 성능이 총 페이지 로딩 시간과 어떻게 다른지도 다룬다. 이 장을 통해 사용자가 사이트에서 원하는 바를 빠르게 얻었다고 느끼게 하는 것이 얼마나 중요한지 알 수 있을 것이다.

3장에서는 요즘 가장 많이 사용하는 이미지 포맷들을 살펴본다. 또한 이미지 파일들을 알맞게 사용하는 모범 사례와 최적화 방법을 다룰 것이다. 여기에는 스프라이트를 사용하거나 이미지 파일을 CSS 및 SVG 포맷으로 바꾸는 것처럼 웹 페이지에서 이미지 로딩 방법을 최적화하는 기법도 포함되어 있다. 마지막으로 이미지 압축 자동화나 스타일 가이드 작성 등 웹 페이지에 최적화된 이미지 솔루션의 수명을 높이기 위한 방법도 소개한다.

4장에서는 사이트에 사용된 마크업과 스타일을 최적화하는 방법을 다룬다. HTML과 CSS를 효율적으로 정리하려는 노력은 사이트에 사용된 웹 글꼴을 최적화하는 것보다 중요하다. 여러분이 미리 깨끗하고 재사용 가능한 마크업을 만들고 디자인 패턴을 문서화해 둔다면, 향후 사이트를 수정하거나 개선할 때 개발 시간과 페이지 로딩 시간을 줄일 수 있다. 추가로 로딩 순서와 압축, 텍스트 자원 캐싱의 중요성에 대해서도 다룬다.

반응형 웹 디자인은 성능이 나쁘다고 알려져 있지만 꼭 그렇지만은 않다. 5장에서는 사용자의 모바일 화면 크기가 다양함을 고려해서 이미지와 폰트 등의 요소를 얼마나 신중하게 결정해야 하는지 살펴볼 것이다. 또한 반응형 웹 디자인에 접근하는 방법도 다룬다. 여러분은 단계별로 성능 목표를 만들고 모바일을 우선하여 디자인하며 다양한 화면에서 직접 만든 사이트의 디자인 성능을 측정해볼 수 있다.

여러분이 만든 사이트의 사용자 경험이 현재뿐만 아니라 시간에 따라 어떻게 변하는지 이해하기 위해 정기적으로 주요 성능 지표를 꼭 벤치마크해야 한다. 6장에서는 다양한 브라우저 플러그인과 모의 테스트 도구 및 실제 사용자 모니터링 도구를 소개한다. 이를 통해 여러분이 만든 사이트 성능을 측정할 것이다. 이 도구들을 이용해 사이트를 변경하면서 발생하는 성능 변화를 지속적으로 측정하고, 왜 이런 변화가 생겼는지 문서화하면서 사이트의 성능에 영향을 주는 요소가 무엇인지 학습할 것이다.

7장에서는 사이트의 아름다움과 성능 사이에서 맞닥뜨리는 다양한 위기들을 간략하게 설명한다. 위기를 피하기 위한 결정을 내려야 할 때 여러분은 운영비용에 대한 고려, 사용자 행동 측정 외에도 다양한 고민이 생길 것이다. 이때 성능에 대한 지식과 잘 정립된 워크플로를 기반으로 사용자 경험을 측정하는 실험을 진행하면 올바른 결정을 쉽게 내릴 수 있다.

어쨌든 사이트의 성능을 개선하고 지속적으로 유지하는 데 가장 큰 장애물은 다름 아닌 여러분이 속한 조직의 문화다. 조직의 크기에 상관없이 디자이너와 개발자, 관리자를 교육하거나 격려하고 자발적으로 행동하게 하는 것은 매우 어렵다. 8장에서는 조직 속에서 성능 중심의 문화를 만들고 좋은 디자이너를 육성하는 방법을 다룰 것이다.

감사의 말

이 책이 나오기까지 지지해준 엣시의 모든 분들에게 감사하다는 말을 하고 싶다. 특히 모바일 웹 팀 동료인 제레미와 에이미, 크리스, 마이크와 성능 팀 동료인 앨리슨과 조나단, 나탈리아, 댄, 세스, 다니엘, 요한에게 감사드린다. 또한 코티 내쉬에게 감사의 마음을 전하고 싶다. 그녀의 배려와 격려가 없었다면 이 책은 세상에 나오지 못했을 것이다.

오라일리 팀에게도 감사의 인사를 전한다. 편집의 메리 트레슬러와 안젤라 루피노, 앨리슨 맥도날드와 회의에서 만난 베시 왈리스와스키, 소니아 자피언, 소피아 드 마티니, 오 드라 몬테네그로에게 고맙다고 말하고 싶다. 이분들 덕분에 원활하게 집필을 진행할 수 있었다.

그리고 글을 쓰는 동안 리뷰를 해준 제이슨 허와 조나단 클라인, 브래드 프로스트, 제이슨 그릭스비, 크리스티안 크럼리쉬, 일리아 그리고릭, 바바라 베르메스, 가이 포드자니, 킴 보스트, 앤디 데이비스에게도 어떤 감사의 말을 전해야 할지 모르겠다. 맷 마퀴스의 글과 그의 인내심, 반응형 이미지에 대한 지식도 이 책을 완성하는 데 큰 도움이 되었다.

마샤의 정직한 격려와 조언도 고마웠다. 낳아주시고, 대학에서 철학 공부까지 마칠 수 있게 도와주신 부모님에게는 특별한 감사를 표한다. 덕분에 책을 쓸 수 있었다. 사회생활을 하면서 받은 부모님의 지원은 헤아릴 수 없었고 그분들이 내 부모님이라는 것에 무한한 자부심을 느낀다. 마지막으로, 7번가에 있는 도넛 가게와 작은 식당의 소박한 음식에서 힘을 얻어 책을 계속 쓸 수 있었다. 이 모든 것에 감사한다.

1장

성능이 곧 사용자 경험이다

일단 여러분이 웹에서 어떻게 검색을 하는지 떠올려보자. 어떤 사이트를 로딩하는 데 시간이 많이 지연될 때 여러분은 얼마나 빨리 탭을 닫고 다른 검색엔진으로 이동하는가? 또 지역 날씨나 뉴스를 검색할 때 관련 정보가 화면에 뜨는 데 엄청난 시간이 걸리는 사이트를 다시 방문하는가? 심부름을 하느라 모바일 기기로 이메일 확인이나 상품의 가격 비교, 길 찾기 등을 할 때 로딩 시간이 오래 소요된다면 얼마나 참을 수 있는가? 아마도 바쁠수록 사용자는 사이트가 더욱 빠르게 로딩되기를 원할 것이다.

웹사이트에서 페이지 로딩 속도는 갈수록 중요해지고 있다. 만일 여러분이 사이트의 페이지를 로딩하는 데 걸리는 적절한 시간을 알고 싶다면 다음 두 가지 연구 내용을 참고하자. 보통의 사용자는 2초 이내에 페이지가 보이길 기대하고, 3초가 지나면 최대 40%의 사용자가 그 사이트를 떠난다.[1] 모바일 사용자의 85%는 모바일 페이지 로딩 속도가 데스크톱에서 페이지를 로딩하는 속도와 같거나 그보다 더 빠르길 기대한다.[2] 새로 웹사이트를 만들거나 기존의 사이트를 테스트할 때 이런 기대들을 어떻게 충족시킬 것인가?

[1] http://www.mcrinc.com/Documents/Newsletters/201110_why_web_performance_matters.pdf
[2] http://www.radware.com/Products/FastView/?utm_source=strangeloop&utm_medium=slforward&utm_campaign=slmoving

결국 사이트의 성능이 곧 사용자 경험이다. 여러분은 새로운 사이트를 디자인하거나 개발할 때 사이트의 사용자 경험에 영향을 미치는 많은 요소를 이미 고려하고 있다. 레이아웃이나 계층구조, 직관성, 사용 용이성 외 다양한 것들을 말이다. 사이트의 사용자 경험은 사용자들이 사이트의 이미지를 어떻게 느낄지, 사이트를 재방문할지, 주변 사람들에게 사이트를 추천할지 등을 결정하는 데 영향을 미친다. 무엇보다 페이지 로딩 시간과 사이트 체감 속도는 사용자 경험의 가장 큰 부분을 차지하므로 성능은 여러분의 사이트가 보기 좋은 것만큼 중요하다.

이제부터 성능이 사용자 경험에 얼마나 영향을 미치는지 알아보자.

사용자 경험이 사이트의 인상에 미치는 영향

사용자 경험은 사람들이 해당 사이트에서 받는 전반적인 인상에 영향을 미친다. 아카마이(Akamai) 사는 쇼핑몰에서 사이트 멈춤이나 에러, 페이지 로딩 시간 지연, 복잡한 결제 과정을 겪은 사용자의 75%가 해당 사이트에서 상품을 구매하지 않는다는 연구 결과를 밝힌 바 있다.[3] 또한 고메즈(Gomez) 사는 온라인 구매자 행동 연구를 통해 온라인 소비자의 88%는 불쾌한 경험을 한 사이트를 재방문할 가능성이 낮다는 것을 발견했다.[4] 같은 연구에서 온라인 소비자의 75%는 접속량이 최고조에 달하는 시간에 해당 사이트의 로딩 속도가 지연된다면 이를 인내하기보다는 경쟁 사이트로 이동한다고 밝혔다. 여러분이 다른 부분에 신경 쓰는 사이 경쟁 사이트에 사용자를 빼앗기고 있지는 않은가? 여러분의 사이트가 경쟁 사이트보다 빠르다고 확신할 수 있는가?

재방문하는 사용자

웹 성능이 온라인 쇼핑몰 사이트에서만 중요한 것은 아니다. 페이지 속도 최적화와 같은 개선은 모든 사이트에 유용하다. 사용자가 로딩시간

---

3 http://www3.akamai.com/4seconds
4 http://www.mcrinc.com/Documents/Newsletters/201110_why_web_performance_matters.pdf

이 오래 걸리는 사이트를 점점 덜 방문한다는 구글의 연구[5]에서도 알 수 있듯이 사용자는 더 빠른 사이트를 다시 방문하는 경향이 있다. 실험 결과를 보면 로딩 과정에서 400밀리초의 지연이 발생하면 사이트의 검색률이 첫 3주 동안 0.44% 감소했고, 그다음 3주 동안 0.76%가 추가로 하락했다.

또한, 실험에서 사용자가 속도 지연을 경험한 사이트는 다시 빨라진 후에도 검색률이 이전 수준으로 회복되기까지는 상당한 시간이 필요했다. 느린 페이지 로딩 시간의 충격은 사용자에게 나쁜 경험으로 남는다. 사용자는 해당 사이트가 어떤 느낌이었는지 본능적으로 기억하고 그 경험을 바탕으로 얼마나 자주 재방문할지, 앞으로 계속 사용할지 여부를 결정한다.

검색엔진 순위

페이지 로딩 시간은 검색엔진의 검색 결과에도 영향을 미치는데, 보통 속도가 빠른 사이트가 느린 사이트보다 검색 결과 목록의 상위에 표시된다. 구글은 검색 결과 순위 알고리즘[6]에 사이트 속도를 반영하고 있다. 물론 검색 결과의 순서를 정할 때 콘텐츠 관련성에 가중치를 더 주는 건 분명하다. 하지만 페이지를 로딩하는 시간은 사이트 전반에 걸친 사용자 경험에 기여하고 구글은 종합적으로 사용자에게 최상의 경험을 제공하는 사이트를 검색 결과로 반환하고자 하므로 결국 검색엔진 순위 결과에 영향을 미치게 된다.

사이트 로딩 속도의 중요성을 간과하는 것은 단순히 검색 결과의 상위에 표시되는 기회를 놓치는 것 이상의 문제이다. 속도가 느리면 사용자가 사이트를 기억하는 데 방해가 되기 때문이다. 마이크로소프트는 사용자가 검색 결과에서 사이트를 어떤 식으로 기억하는지 관찰하는 연구[7]를 진행했다. 연구에 참여한 사람들에게 검색창에 자기만의 검색 쿼

---

5   http://googleresearch.blogspot.kr/2009/06/speed-matters.html
6   http://googlewebmastercentral.blogspot.kr/2010/04/using-site-speed-in-web-search-ranking.html
7   http://research.microsoft.com/pubs/79628/tois08.pdf

리를 이용해 검색하도록 하고 30분 후에 참여자들이 검색 결과를 다시 참고하지 않은 상태에서 결과 목록을 어떻게 기억하고 있는지 이메일로 설문 조사를 했다. 조사 결과에 따르면 검색 결과 목록에서의 위치가 사용자의 기억에 큰 영향을 미치고 있었다. 이는 페이지 로딩 시간 개선을 통해 검색 결과 순위를 향상시키면 사용자가 사이트를 더 잘 기억한다는 뜻이다.

브랜드/디지털 제품 디자이너 나오미 앳킨슨(Naomi Atkinson)은 웹 에이전시들이 고객에게 홍보할 때 성능을 활용할 수 있다고 말한다. "많은 에이전시들이 중요한 판매 포인트를 놓치고 있습니다. 시각적인 부분이나 마케팅 아이디어와 함께 얼마나 속도가 빠른 웹사이트나 서비스를 만들어줄 수 있는지를 홍보하면 훨씬 좋은 결과를 이끌어낼 수 있습니다." 성능 개선은 에이전시의 성공과 고객의 만족 모두를 가져온다. 또한 성능은 사이트 전반에 걸친 사용자 경험의 일부이며 회사의 이미지에도 큰 영향을 미칠 수 있다.

모바일 사용자에게 미치는 영향

점점 많은 사용자가 모바일 기기를 이용하고, 또 웹을 통해 할 수 있는 일이 점점 늘어나고 있으므로 사이트 구석구석을 모바일 사용자 경험을 염두에 두고 디자인해야 한다. 스탯카운터(StatCounter)의 세계 통계 데이터[8]를 보면, 모바일을 통한 인터넷 접속 트래픽의 총 비율이 꾸준히 증가하는 것을 볼 수 있다(그림 1-1).

이미 다수의 기업이 모바일 기기에서 발생하는 트래픽 증가를 주의 깊게 보고 있다. 메리 미커(Mary Meeker)의 인터넷 동향 보고서[9]에 따르면 2013년 초 기준으로 그루폰의 모바일 거래량은 2년 전보다 15% 증가한 45%의 수치를 보였다. 필자가 몸담고 있는 엣시(Etsy)의 사용자 트래픽을 참고하면 2014년 초 기준으로 50%가 모바일 기기를 통한 접속이었다.

---

8 http://gs.statcounter.com
9 http://www.slideshare.net/kleinerperkins/kpcb-internet-trends-2013

그림 1-1 스탯카운터의 세계 통계 데이터를 보면 총 인터넷 트래픽 중 모바일이 차지하는 비율이 지속적으로 증가하는 것을 알 수 있다. 추세를 볼 때 모바일 기기를 통한 접속률은 앞으로도 꾸준히 늘어날 것이다.

대부분의 사이트에서 모바일 트래픽의 비율이 증가하고 있으므로 모바일 기기 사용자의 웹 페이지 로딩 시간을 중요하게 다루어야 한다. 전세계 인터넷 사용자들이 인터넷에 접속할 때 가장 애용하는 기기가 모바일이라는 연구 발표[10]도 있다. 발표에 따르면 아프리카와 아시아 인터넷 사용자의 약 50%는 모바일 기기만으로 인터넷을 사용하고 있으며, 미국은 25% 정도가 모바일을 통해 인터넷을 사용한다. 참고로 이연구에서는 인터넷 사용 시 데스크톱을 전혀, 혹은 거의 사용하지 않는 사람들을 모바일 기기 사용자로 분류하고 있다(이 연구에서는 태블릿 사용자도 데스크톱 사용자에 포함시켰다). 많은 사람이 모바일 기기를 통해 주로 인터넷에 접속하고 있으므로 앞으로는 모바일 환경 개선에 더욱 도전해야 할 것이다.

모바일 네트워크

모바일 기기에서 웹 페이지를 로딩하는 데 시간이 더 오래 걸리는 첫 번째 이유는 모바일 기기의 데이터 전송 방식에서 찾을 수 있다. 모바일 기기가 데이터를 송수신하려면 네트워크와 무선 채널을 연결해야 한다(그림 1-2 참고). 3G망을 기준으로 이 과정에서 몇 초가 걸릴 수 있다.

10 http://www.slideshare.net/OnDevice/the-mobile-only-internet-generation

무선 기지국과 모바일 기기를 연결하기 위한 협상 과정을 거쳐 데이터를 전송할 수 있게 되면 통신사는 무선 기지국으로 송신된 데이터를 통신사 내부망을 거쳐 인터넷에 연결한다. 이 일련의 단계로 수십에서 수천 밀리초까지 대기 시간이 늘어난다. 게다가 무선 채널을 통해 송수신하는 데이터가 없어 타임아웃이 발생하면 채널이 유휴 상태에 빠질 수도 있다. 그 후 데이터를 다시 송수신하면 새로운 채널이 만들어지고 앞의 모든 과정을 처음부터 다시 시작하므로 잠재적으로 웹 페이지를 로딩하는 시간에 큰 악영향을 미치게 된다.

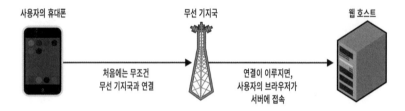

그림 1-2 사이트를 화면에 그리는 데 필요한 파일들을 모바일 기기가 로딩하려면 먼저 네트워크와 무선 채널을 연결해야 한다. 이 절차는 수 초가 걸릴 수 있으며, 이는 페이지를 로딩하는 시간에 큰 악영향을 미칠 수 있다.

일리아 그리고릭(Ilya Grigorik)은 기고를 통해 현재 사용자에게 웹 브라우징 경험을 제공할 때의 제약 요인은 대역폭이 아닌 대기 시간이라고 말했다.[11] 사용자가 대기하는 시간이 늘어날수록 사용자에게 필요한 데이터를 한 번 가져오는 시간이 더 길어지고, 이는 페이지가 완전히 로딩되는 시간을 더 늘어나게 하기 때문이다. 페이지 속도의 기초는 2장에서 자세히 다룬다.

> **대역폭과 대기 시간은 무엇인가?**
>
> 대기 시간은 한 지점에서 다른 지점까지 데이터를 담은 패킷이 이동하는 데 걸리는 시간이다. 예를 들어 호스트 서버가 요청을 받아 처리하거나 호스트 서버가 페이지를 구성하는 데이터를 보내고 브라우저가 받는 데 걸리는 시간이 될 수 있다.

---

11 https://www.igvita.com/2012/07/19/latency-the-new-web-performance-bottleneck
(옮긴이) 일리아 그레고릭의 의견은 그가 집필한 『구글 엔지니어에게 듣는 네트워킹과 웹 성능 최적화 기법』(2015, 인사이트) 1장에 잘 정리되어 있다.

대기 시간은 기본적인 물리적 특성(예: 빛의 속도)에 영향을 받으며 보통 밀리초 단위로 측정한다(1밀리초는 1,000분의 1초다).

대역폭은 광섬유 케이블 또는 이동 통신사를 통해 한 번에 전송할 수 있는 데이터의 양처럼 통신 경로에서 한 번에 처리할 수 있는 최대량을 말한다. 대중교통을 예로 들면 1차선 도로에 택시와 버스가 같은 길에 있을 때 둘의 대기 시간은 같지만, 대역폭은 버스가 택시보다 크다고 할 수 있다.

네트워크가 점점 빨라지고 있는 것은 사실이지만 모바일 기기에서 여러분의 사이트를 방문하는 사용자는 여전히 불쾌한 경험을 하고 있을 수 있다. 무선랜을 이용하는 미국의 일반적인 데스크톱 환경에서 요청에 대한 응답이 오는 데 평균 50밀리초가 걸린다.[12] 이 시간은 네트워크를 통해 서버로 요청을 보내고 브라우저가 이에 대한 응답을 서버로부터 받는 데 걸리는 시간이다. 그러나 모바일 네트워크에서는 같은 과정이 300밀리초 넘게 걸릴 수 있다. 어떤 느낌이냐면 모뎀 접속 연결 속도보다도 느리다고 생각하면 된다.

모바일 기기에서는 무선 채널을 통해 네트워크를 설정하는 데 걸리는 시간(약 1,000~2,000밀리초)이 사이트를 로딩하는 각 요청의 왕복 시간에 포함된다. 따라서 모바일 네트워크의 성능이 나쁘면 사이트의 사용자 경험에 부정적인 영향을 미치게 된다. 게다가 사람이 붐비는 곳이나 수신 상태가 불량한 장소에서는 언제 무선 네트워크가 나빠질지 예측하기 힘들다.

페이지 로딩 시간은 모바일 사용자 경험에 매우 큰 영향을 미치는 동시에 사이트를 고르는 기준이 되므로, 여러분은 사이트 디자인을 최적화할 때 사용자의 모바일 기기 성능을 우선시해야 한다. 이 부분은 여러 회사의 연구로 입증되었는데, 필자가 엣시에서 이끄는 팀은 페이지에서는 보이지 않는 160KB의 이미지를 추가하고 나서 모바일 사용자 중 12%가 접속 중 이탈하는 것을 발견했다. 또한 구글의 자회사인 온라인 광고 업체 더블클릭은 클라이언트 측 재전송을 한 단계 줄이고 나서

---

12 http://www.slideshare.net/patrickmeenan/velocity-2012-taming-the-mobile-beast

사용자의 모바일 광고 진입률이 12% 증가했다.[13] 하지만 모바일 기기를 이용하는 사용자의 성능 향상에 초점을 맞추는 가장 큰 이유는 사이트를 모바일 기기에 먼저 최적화하면 어느 기기를 이용해도 사이트 접근이 빠르고 편리하기 때문이다.

모바일 사용 패턴

사용자가 어떤 장비로 접속하든 관계없이 페이지 로딩 시간이 길어지면 사이트를 방문하는 사용자 경험은 나빠진다. 게다가 사용자가 모바일 기기로 접속한다면 모바일 기기 사용자들이 보이는 특별한 행동 패턴과 모바일의 느린 속도가 결합되어 부정적인 사용자 경험이 더욱 악화될 것이다.

구글이 진행한 연구[14]에 따르면 사람들은 다음과 같은 상황에 스마트폰을 쓴다고 한다.

- 집으로 가는 길, 혹은 집에서
- 다른 사람의 근황이 궁금할 때
- 잠깐 짬이 날 때
- 지금 즉시 무엇을 찾아야 할 때

태블릿은 주로 엔터테인먼트와 검색에, 데스크톱은 집중적인 조사가 많이 필요하거나 꽤 진지한 작업에 사용된다. 이와 달리 스마트폰은 다음과 같은 온라인 활동 시에 가장 많이 이용한다.

- 특정 정보 검색
- 브라우징
- 쇼핑
- 소셜 네트워킹

여러분이 사이트를 디자인할 때는 사용자가 허락된 시간 내에 쉽게 일을 마칠 수 있을지, 그리고 사용자가 그 일을 할 때 모바일 네트워크가

---

13 http://doubleclickadvertisers.blogspot.kr/2011/06/cranking-up-speed-of-dfa-leads-to.html
14 http://ssl.gstatic.com/think/docs/the-new-multi-screen-world-study_research-studies.pdf

얼마나 큰 영향을 미치는지를 생각해야 한다. 또한 모바일 기기만 사용하는 사용자는 싫든 좋든 모든 종류의 일을 핸드폰으로만 해야 한다는 것과, 모든 사용자는 기기의 종류와 관계없이 시간 낭비를 싫어한다는 사실도 기억해야 한다. 디자인은 직관적이고 사용하기 쉬워야 하며 플랫폼에 관계없이 최대한 빨리 상호작용해야 한다.

모바일 하드웨어

추가로 사용자가 모바일 기기를 와이파이에 연결한 후 사이트에 접속하더라도 내장된 안테나의 길이와 출력 전력으로 인해 속도가 느려지는 경험을 할 수 있다. 와이파이 기술 자체는 무선 전송 및 신호 수신을 위해 한 번에 하나 이상의 안테나를 사용할 수 있지만, 대부분의 스마트폰에서는 이 기술을 활용할 수 없다.[15] 또한 노트북과 데스크톱에 내장된 와이파이 안테나는 휴대폰보다 훨씬 길다.

또 모바일 기기는 배터리(스마트폰의 사용자 경험에 큰 영향을 미치는)를 효율적으로 관리하려고 하는데, 대표적인 방법 중 하나가 무선의 출력을 제한하는 것이다. 데스크톱은 배터리를 쓰지 않기 때문에 모바일 기기와 달리 와이파이 강도를 수정하지 않고도 무선랜을 사용할 수 있다. 마지막으로, 현재 802.11ac같은 최근의 무선랜 사양은 일부 최신 모델들만 지원하고 있으며 현재 시중에 나와있는 스마트폰은 대부분 오래되고 느린 무선랜 표준만 지원한다.

페이지 로딩 시간을 개선하려는 많은 최적화 노력들은 기기의 에너지 소비도 개선하고 더불어 사용자 경험도 개선하게 된다. 와이파이의 신호 강도, 자바스크립트 렌더링, 이미지 렌더링 같은 모든 것이 모바일 기기의 배터리 소모에 영향을 미치기 때문이다. 한 연구에서는 아마존 사이트가 사이트 내의 모든 이미지 파일을 92% 퀄리티의 JPEG 파일로 압축한다면 안드로이드 폰에서 페이지를 로딩하는 데 드는 에너지가 20% 줄어들고, 마찬가지로 페이스북에 같은 방식을 적용한다면 소비 에너지가

---

15 와이파이 기술상 여러 개의 안테나를 사용할 수 있지만 스마트폰 내부의 공간이 좁아 안테나를 하나만 넣는 것이 일반적이다. 최신 기종의 경우 2개가 내장된 것도 있다.

30% 줄어든다고 한다.[16] 이런 개선은 사용자가 눈치챌 만큼의 이미지 손실 없이도 에너지 소비를 줄여 사용자 경험에 긍정적인 영향을 미칠 수 있다. 또 다른 연구에서는 모바일 기기의 경우 중요 경로(Critical Path)에서 페이지 로딩 시간의 최대 35%가 HTML 구문 분석 및 자바스크립트 실행 등의 계산에 쓰인다고 한다.[17]

정리하면, 사이트를 최적화하는 노력이 배터리 수명을 포함한 사용자의 전체 경험에 영향을 미친다는 것이다.

디자이너가 성능에 미치는 영향

사용자가 URL을 입력하거나 버튼을 클릭할 때, 드롭다운 목록에서 메뉴를 선택하거나 웹 페이지가 응답할 때 발생하는 모든 지연 요소는 사이트에 대한 사용자의 인식에 영향을 미친다. 100밀리초 미만의 지연은 사용자에게 순간처럼 인식되지만 100~300밀리초 사이의 지연은 그렇지 않다. 300~1,000밀리초 사이의 지연이 생기면 사용자는 사이트가 느려도 움직이고는 있다고 느끼지만 만약 1,000밀리초 이상 지연된다면 사용자는 더 이상 집중하지 못하고 아마 다른 생각을 하기 시작할 것이다.

이 숫자들이 의미 있는 이유는 우리가 수많은 동적 요소와 더 큰 자바스크립트 파일, 아름다운 애니메이션, 복잡한 그래픽, 그 외의 다양한 것들을 이용해서 갈수록 더 풍부한 콘텐츠와 사이트를 디자인하고 있기 때문이다. 여러분이 디자인과 레이아웃을 최적화하는 데 집중하면 이는 페이지 로딩 속도에 영향을 미칠 수 있다. 반응형으로 디자인된 일부 사이트는 작은 화면 크기에 사이트를 맞추기 위해 많은 양의 마크업과 이미지를 무책임하게 코드에 포함하기도 한다. 그 사이트들은 자기도 모르게 불필요한 자원을 사용자에게 다운받도록 강요하는 것이다.

반응형 웹사이트를 만드는 디자이너들은 화면 크기에 따라 콘텐츠가 어떻게 다르게 표시될지 미리 결정해둔다. 이 결정이 페이지 로딩 시간에 큰 영향을 미치기 때문이다. 다시 생각해보면 반응형 웹 디자인에 대

---

16 http://www2012.org/proceedings/proceedings/p41.pdf
17 https://www.usenix.org/system/files/conference/nsdi13/nsdi13-final177.pdf

한 결정을 할 때가 성능 개선에 필요한 무언가를 워크플로에 반영할 매우 좋은 기회다.

가장 최근에 한 디자인을 떠올려보자. 글꼴이나 이미지를 얼마나 많이 사용했는가? 이미지 파일의 크기는 어땠고, 또 파일 형식은 무엇이었는가? 디자인이 마크업과 CSS 구조를 잡는 데 어떤 영향을 주었는가?

일반적으로 디자이너가 하는 결정에 따라 웹사이트가 만들어진다. 디자인 초기에는 보통 다음과 같은 것들을 결정할 것이다.

- 색상과 그레이디언트: 어떤 이미지 종류를 쓸지, 투명도를 적용할 것인지, 얼마나 많은 스프라이트를 만들지, CSS3를 얼마나 사용할지에 영향을 준다.
- 레이아웃: HTML 계층구조, class와 ID 이름, 디자인 패턴의 재구성 및 CSS 구성에 영향을 준다.
- 타이포그래피: 파일 크기와 포함할 글꼴 파일의 수에 영향을 준다.
- 디자인 패턴: 사이트 전반에 걸쳐 무엇을 어떻게 재사용하고 캐싱할지, 언제 어떻게 자원을 로딩할지, 나중에 작업할 디자이너나 개발자들이 얼마나 쉽게 수정할 수 있는지에 영향을 준다.

최종적인 페이지 로딩 시간에 큰 영향을 미치는 결정들이 이처럼 제품 워크플로의 가장 초기에 이루어지고 있다. 추가적인 설명을 위해 밝은 파란색에 오버레이 처리하려는 예제 로고가 있다고 가정하자(그림 1-3).

그림 1-3 이 예제 로고는 투명한 배경을 가지고 있으며, div에 밝은 파란색 배경으로 오버레이 처리할 것이다.

투명도와 오버레이 처리 여부에 따라 이미지의 파일 종류와 파일 크기가 바뀔 수 있다. 페이지 로딩 시간을 중요하게 고려하는 디자이너는 디자인 단계에서 스스로에게 다음과 같은 질문을 할 수 있어야 한다. 이미지를 JPEG나 불투명한 배경의 PNG-8 파일로 내보내기하면 어떨까? 이미지를 PNG-8에 밝은 파란색으로 매트 처리를 하면 성능에 영향이 있을까? 이런 질문에 대한 답을 확인하기 위해 JPEG와 PNG-8 버전으로 각각 내보내기한 다음 파일들의 크기를 확인해보자(그림 1-4~그림 1-7 참고).

Designing *for* **Performance**

그림 1-4 투명한 기본 PNG-24: 7.6KB

Designing *for* **Performance**

그림 1-5 배경색을 처리한 PNG-8: 5.0KB

Designing *for* **Performance**

그림 1-6 매트 처리한 PNG-8: 2.7KB

Designing *for* **Performance**

그림 1-7 75% 퀄리티에 배경색을 가진 JPEG: 20.2KB

이 테스트를 보면 배경색이나 투명성으로 인해 각각의 파일 포맷 크기가 변하는 것을 볼 수 있다. 이미지 최적화에 대해 더 자세한 내용을 알고 싶다면 3장을 살펴보자.

사이트를 만드는 동안 성능 개선을 어떻게 할지, 디자인 선택이 성능에 영향을 미치는지 측정할 기회가 많이 있다. 이후 3장에서는 다양한 이미지 파일 형식을 먼저 살펴본 후 이미지들을 압축해볼 것이고, 6장에서는 페이지 로딩 시간을 고려하며 디자인하기 위해 이미지 파일을 반복적으로 측정하는 방법을 살펴본다.

새로 만드는 사이트의 디자인뿐 아니라 기존의 사이트 디자인도 색상이나 그레이디언트, 레이아웃 같은 것들에 영향을 받는다. 그러므로 기존의 사이트들도 정리나 성능 테스트를 할 수 있다. 필자는 예전에 일했던 사이트에서 CSS 정리 및 이미지 최적화, 사이트 색상 정규화, 점진적인 기존 사이트 템플릿 내의 자원 재구성을 통해 페이지 로딩 시간을 반으로 줄일 수 있었다. 사이트를 다시 디자인하는 대신 비대한 HTML과 CSS를 정리하는 데 초점을 맞춰 로딩 시간을 줄인 것이다.

4장에서는 확실하게 성능이 향상되는 HTML과 CSS 정리 방법에 대해 자세히 살펴본다.

여러분의 직책에 디자이너라는 단어가 포함되지 않더라도 웹사이트의 모양과 느낌에 대한 결정을 할 수 있다면 사이트의 성능에 직접적인 영향을 미칠 수 있다. 성능은 공동책임이며 팀을 구성하는 구성원 모두가 성능에 영향을 줄 수 있기 때문이다. 따라서 디자인에 관해 의사 결정을 할 때 성능에 대한 고려도 함께 한다면 이는 사용자에게 엄청난 영향을 미칠 것이다. 이 책을 학습한 이후로는 아름다움과 성능의 경중을 정하는 것이 디자인 작업에서 가장 중요한 일이 될 것이다. 이 부분에 대해서는 7장에서 자세히 다룬다. 또한 멋진 사용자 경험을 제공하기 위해 디자이너와 개발자가 협력해서 팀으로 작업하면 서로의 분야를 경험해보는 좋은 기회가 될 수 있다는 사실도 살펴볼 것이다.

다음 장에서는 브라우저가 어떻게 콘텐츠를 가져와 렌더링하는지를 포함한 페이지 로딩 시간의 기본 사항을 다룬다. 사용자의 브라우저가 사이트의 파일을 어떻게 가져가는지, 파일 크기가 페이지 로딩 시간에 어떤 영향을 미치는지, 사용자가 사이트 성능을 어떻게 느끼는지를 이해하면 사이트를 디자인하는 과정에서 아름다움과 성능 사이의 균형을 찾기 위해 고민할 때 도움이 될 것이다.

2장

D e s i g n i n g   f o r   **P e r f o r m a n c e**

페이지 속도의 원리

사이트를 디자인할 때는 페이지 속도의 원리를 알고 무엇을 최적화할지 더 깊이 이해하는 것이 중요하다. 브라우저가 콘텐츠를 가져와 화면에 표시하는 과정은 정해져 있다. 따라서 브라우저가 웹 페이지를 렌더링하는 과정을 잘 이해하면 디자인에 대한 결정이 사이트의 페이지 속도에 어떤 영향을 미칠지 예상하는 데 도움이 된다. 여기서는 다음의 항목을 최적화하는 데 집중할 것이다.

- 페이지에서 로딩하는 자원의 수(이미지나 글꼴, HTML, CSS 등)
- 로딩한 자원 파일의 크기
- 사용자가 느끼는 사이트의 체감 성능

물론 사용자에게 화면을 보여주는 브라우저의 콘텐츠 렌더링 과정뿐 아니라, 서버에서 클라이언트에게 보내는 응답의 첫 번째 바이트가 출발하기 전 처리되는 모든 과정을 담당하는 백엔드를 최적화할 수도 있다. 페이지 로딩 시간에는 사이트의 프론트엔드에서 클라이언트의 요청에 응답하는 과정뿐 아니라 데이터베이스 호출이나 템플릿을 컴파일하는 과정도 포함되기 때문이다. 그러나 "최종 사용자가 경험하는 응답 시간의 80%~90%는 프론트엔드에서 소요된다"라는 스티브 사우더(Steve Souders)의 말처럼 프론트엔드는 사용자 경험에 영향을 미치는 요소가 많은 곳이다. 그런 의미에서 이 책에서는 프론트엔드의 페이지 로딩 시간을 개선하는 데 집중할 것이다.

브라우저가 콘텐츠를 렌더링하는 방법

사용자가 사이트의 URL을 브라우저의 주소창에 입력한 직후부터 사이트의 디자인을 화면에 보여주는 순간까지 사용자의 브라우저와 서버는 서로 필요한 데이터를 교환한다.

먼저 브라우저가 데이터를 얻기 위해 서버에 요청을 보낸다. 이렇게 브라우저가 새로운 도메인에 요청을 보내려면 콘텐츠가 있는 서버를 먼저 찾아야 하는데 이 과정을 DNS 조회라 한다. DNS 조회를 통해 웹 호스팅이 인터넷의 어디에서 이루어지는지 검색한 후 검색된 서버로 사용자가 보낸 콘텐츠 요청이 도달한다. 브라우저는 일정 기간(서버의 DNS 설정에 따라 다름)동안 이 위치를 기억하므로 매 요청마다 DNS 조회를 하는 시간 낭비가 생기지는 않는다.

일단 서버가 사용자의 브라우저로부터 첫 요청을 받으면 서버는 이 요청을 확인한 후 페이지를 렌더링하기 위해 브라우저가 찾는 콘텐츠의 위치를 확인한다. 그 다음 서버는 이미지나 CSS, HTML 혹은 또 다른 종류의 콘텐츠를 브라우저의 요청에 대한 결과로 반환한다. 브라우저는 서버가 반환한 자원을 다운받은 후 사용자를 위해 화면에 렌더링한다. 이 과정을 그림으로 나타낸 것이 그림 2-1이다.

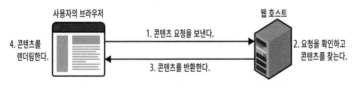

그림 2-1 사용자의 브라우저와 서버 사이의 페이지 로딩 시간 주기

브라우저가 서버로부터 받은 콘텐츠의 첫 번째 바이트 도착 시간을 TTFB(Time to Fisrt Byte)라 한다. TTFB는 사이트의 백엔드에서 얼마나 빨리 요청을 처리한 후 콘텐츠를 반환했는지를 측정하는 데 유용하

다. 하지만 브라우저가 서버의 응답으로 콘텐츠의 첫 바이트를 받자마자 사용자에게 화면을 표시할 수 있는 것은 아니다. 프론트엔드에서 페이지의 콘텐츠를 모두 다운받은 후 렌더링을 해야 하는데 여기서 시간이 추가로 걸리기 때문이다. 게다가 어떤 파일들은 브라우저가 쉽게 처리한 후 렌더링까지 할 수도 있지만, 블로킹-자바스크립트처럼 사용자의 브라우저가 추가적인 콘텐츠를 렌더링하기 전까지는 처리할 수 없는 것도 있다.

콘텐츠 요청의 크기와 순서는 만들기에 따라 다양하게 바뀔 수 있다. 브라우저는 보통 웹 페이지를 렌더링하는 시간을 줄이기 위해 서버에 보내는 콘텐츠 요청을 병렬로 처리하려고 한다. 그러므로 여러분이 사이트의 콘텐츠를 요청하고 가져오는 과정을 최적화하여 사이트에 적용하면 자연스럽게 사이트는 사용자와 빠르게 상호작용 구조로 바뀌게 된다.

요청

웹 페이지 구성에 필요한 콘텐츠를 요청할 때 크기와 횟수를 최적화하면 사이트의 페이지 로딩 시간이 엄청나게 달라질 것이다. 요청이 총 페이지 속도에 미치는 영향을 이해하기 위해 웹페이지테스트(Webpage-test)[1]의 폭포수 차트 예제를 살펴보자(웹페이지테스트는 6장에서 더 자세히 다룬다). 그림 2-2는 CSS나 이미지, HTML 같은 콘텐츠를 요청하는 데 걸리는 시간과 브라우저에 보여주기 위해 콘텐츠를 가져오는 데 걸리는 시간을 상세하게 보여준다.

폭포수 차트의 각 가로선은 HTML이나 스타일시트, 이미지 같은 것들에 대한 별도의 자원 요청을 의미한다. 차트를 살펴보면 첫 번째 요청(보통은 HTML 파일)은 콘텐츠가 인터넷의 어디에 있는지 알아내기 위해 DNS 조회를 하고 있다. 이어서 파일이 호스팅되고 있는 서버로 각각의 후속 요청들이 초기 접속을 시도하고 사용자의 브라우저가 요청에 대한 응답으로 첫 바이트를 받고 있다. 콘텐츠의 다운받기가 끝나면 브라우저가 사용자에게 화면을 보여준다.

---

1 http://www.webpagetest.org

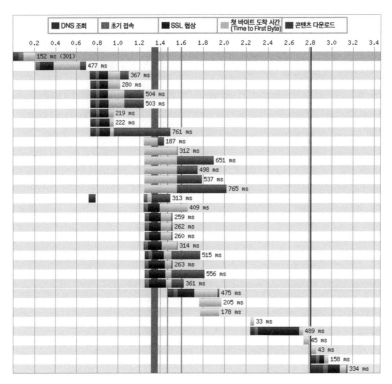

그림 2-2 폭포수 차트의 각 가로선은 별도의 자원 요청을 의미한다.

요청하는 콘텐츠 조각의 크기가 커지면 다운받는 시간과 브라우저에서 처리하는 시간, 그리고 페이지에서 보여주는 시간도 당연히 길어진다. 또한 페이지를 렌더링하는 데 필요한 콘텐츠 중 독립적인 조각이 많다면 페이지를 완전히 로딩하는 데 더 많은 시간이 걸린다. 그러므로 사이트를 로딩하는 시간을 줄이려면 화면을 그리는 데 필요한 이미지, CSS, 자바스크립트 파일 등의 개수뿐 아니라 크기까지 줄여야 한다.

이미지 작업을 예로 들어보자. 각각의 이미지 요청을 하나의 스프라이트(쉽게 말해 이미지의 집합)로 만들면 브라우저가 보내는 요청 횟수를 줄일 수 있다(3장 '스프라이트'에서 자세히 다룬다). 또한 이미지의 품질을 손상시키지 않고 파일의 크기만 줄이는 압축 도구를 사용할 수도 있다(3장 '추가 압축'을 읽어보자). 4장의 'CSS와 자바스크립트 로딩'에서 설명하겠지만, 체감 성능을 향상시키기 위해 CSS 파일 및 자바스크립트의 파일 수를 줄이고 최적의 순서로 로딩하는 방법도 고려할 수 있다. 이렇게 브라우저가 페이지를 로딩하는 데 필요한 요청의 크기와 숫자를 최적화하면 사이트의 속도를 개선하는 데 도움이 된다.

연결

페이지를 로딩하는 데 필요한 요청의 수와 브라우저가 콘텐츠를 가져오기 위해 만드는 연결의 수는 서로 다를 수 있다. 웹페이지테스트는 Connection view를 통해 클라이언트-서버 간 연결과 이를 통해 가져오고자 하는 콘텐츠의 요청을 따로 보여준다(그림 2-3).

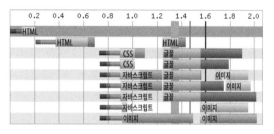

그림 2-3 Connection view에서 클라이언트-서버 간 연결과 이를 통해 가져오고자 하는 콘텐츠의 요청을 따로 보여준다.

각 연결마다 도메인을 찾기 위한 DNS 조회(청록색), 초기 접속(오렌지색) 부분이 있다. 만약 자원들이 HTTPS를 통해 제공된다면 그 자원들을 가져오기 전에 SSL 협상(핫핑크색)이 포함될 수도 있다. 다행히 서버와 한번 연결이 되면 브라우저는 콘텐츠를 다운받는 과정을 최적화하기 위해 연결을 유지하므로 위 과정이 매번 반복되지는 않는다.

SSL 협상이란?

SSL 협상은 브라우저가 암호화된 HTTPS 연결이라 알려진 보안 요청을 통해 콘텐츠를 가져오려 할 때 발생한다. 이때 사용자의 브라우저와 서버가 보안 연결을 하기 위해 암호화된 키와 인증서를 서로 주고받는다. SSL 협상도 브라우저와 서버 사이의 데이터 교환을 필요로 하기 때문에 페이지 로딩 시간을 증가시킨다.

자세히 보면 각 줄이 각각 한 개가 아닌 여러 개의 파일을 다운받은 것을 알 수 있다. 이처럼 브라우저가 서버와의 연결을 유지하고 다른 자원 요청을 위해 연결을 재사용하는 것을 지속 연결이라고 부른다. 그림 2-3을 보면 서버로부터 더 많은 콘텐츠를 가져오기 위해 새로운 연결이 필요하다고 판단되기 전까지 브라우저가 자바스크립트를 요청하기 위해 만든 연결을 이용해 추가적으로 글꼴이나 이미지를 가져오고 있다.

브라우저(이 예제에서는 크롬 브라우저)는 콘텐츠를 동시에 가져오기 위해 연결을 여러 개 만들기도 한다. 동시에 만들 수 있는 지속 연결의 수는 브라우저마다 다른데, 최근의 브라우저들을 살펴보면 최대 6개 (크롬, 파이어폭스, 오페라 12)에서 8개(인터넷 익스플로러 10, 11)의 동시 연결을 허용한다.

또 페이지를 로딩하는 데 얼마나 많은 연결이 사용 중인지 확인하는 것도 중요하다. 연결이 많다면 페이지에 필요한 콘텐츠를 여러 개의 다른 도메인을 통해 받아오는 것일 수 있으며, 이는 브라우저가 연결을 최적화하는 데 방해가 된다. 일반적으로 서드파티의 스크립트를 많이 쓰는 경우 이런 증상이 생긴다.

만약 페이지가 브라우저에서 얼마나 잘 보이는지 확인하고 싶다면 총 페이지 크기와 페이지의 체감 성능 측정을 통해 평가를 도와주는 폭포수 차트를 이용하자. 웹페이지테스트의 폭포수 차트와 잘못된 콘텐츠 로딩을 찾는 방법을 더 자세히 알고 싶다면 6장을 먼저 읽어보자.

페이지 크기

페이지 로딩에 필요한 HTML이나 이미지, 그 밖에 다른 콘텐츠 모두 총 페이지 로딩 시간에 영향을 준다. 콘텐츠의 파일 크기를 종류별로 측정하는 방법 중 하나가 브라우저 플러그인 와이슬로우(YSlow)를 사용하는 것이다. 여기서는 와이슬로우 사용법을 자세히 살펴보자.

페이지에서 와이슬로우를 실행하고 구성요소(Components) 탭(그림 2-4)으로 이동하면 페이지에 사용되는 콘텐츠의 종류별 목록과 콘텐츠의 크기를 확인할 수 있다.

↑ TYPE	SIZE (KB)	GZIP (KB)
⊟ doc (1)	3.4K	
doc	3.4K	1.5K
⊟ js (1)	40.1K	
js	40.1K	15.8K
⊟ css (1)	4.8K	
css	4.8K	1.5K
⊞ cssimage (1)	11.5K	
⊞ image (6)	722.6K	
⊞ favicon (1)	2.0K	

그림 2-4 구성요소(Components) 탭에서 페이지에 사용되는 콘텐츠의 종류별 목록과 크기를 확인할 수 있다.

예제를 보면 HTML, 자바스크립트 및 CSS 파일에 gzip을 적용하면 크기가 줄어드는 것을 볼 수 있다(표에서는 'doc'). gzip이 어떻게 동작하는지는 4장 '최소화와 gzip'에서 살펴본다. 또 페이지를 로딩하기 위해 필요한 이미지는 여섯 개뿐인데 그 합계가 722.6 KB나 되는 것을 알 수 있다. 이미지 크기가 너무 큰 것이다. 여기서는 일단 확인하는 방법만 기억해 두자. 여기에서 cssimage 행은 CSS를 통해 적용한 이미지와 사이트의 HTML에 직접 포함된 이미지를 따로 보여준다.

여러분이 만든 페이지의 크기를 확인했다면 HTTP 아카이브에서 제공하는 페이지당 평균 바이트 그래프[2]와 비교해보자. CSS나 자바스크립트를 많이 사용하고 있지는 않은가? 여러분이 만든 페이지의 단점은 무엇인가? 혹시 앞에 나온 예제처럼 이미지가 다른 콘텐츠보다 과도하게 크지는 않은가? 그 밖에 다른 이상한 점은 없는가?

---

[2] http://httparchive.org/interesting.php

> **HTTP 아카이브는 무엇인가?**
>
> HTTP 아카이브는 페이지 크기 정보나 실패한 요청, 예전에 사용되던 기술 등의
> 웹 성능 정보를 모아놓은 영구 저장소다. HTTP 아카이브는 'Alexa 탑 25 사이트'
> 를 포함해 25만여 개 사이트에 대한 웹페이지테스트(WebPagetest)의 결과를 수
> 집하고 있다.

페이지 크기에 대한 명확한 가이드는 없다. 다만 사이트가 확장되면서 콘텐츠가 많이 추가되거나 반복적으로 디자인이 변경되더라도 페이지의 크기가 갑작스럽게 커지지 않도록 지속적으로 변화를 추적하는 것이 중요하다. 사이트의 페이지 크기와 부하 시간을 반복적으로 측정하는 것은 6장 '시간에 따른 변화'에서 자세히 다룰 것이다.

이번에는 총 페이지 크기, 콘텐츠 요청 횟수의 증가가 페이지 로딩 시간이나 사이트의 체감 성능을 얼마나 저하시키는지 살펴보자. 일반적으로 페이지를 표시하는 데 필요한 콘텐츠의 양이 늘어날수록 사용자가 페이지를 로딩하는 데 걸리는 시간도 길어지므로, 페이지에 포함된 콘텐츠의 양은 적을수록 좋다.

체감 성능

사이트의 속도는 실제 로딩 시간보다 사용자가 어떻게 느끼느냐가 더 중요하다. 사용자들은 페이지가 얼마나 빨리 보이는지, 페이지가 얼마나 빨리 반응하는지, 사이트가 얼마나 부드럽게 스크롤되는지를 통해 사이트의 속도를 인식하기 때문이다.

중요 렌더링 경로

사용자가 처음 페이지를 로딩하면 (무언가가 로딩되기 전에) 페이지는 비어 있을 것이다. 이 빈 공간은 사용자에게 최악의 경험일 수 있다. 빈 공간은 사용자에게 사이트가 반응이 없다는 느낌을 주기 때문이다.

이 사용자 경험 문제를 해결하려면 중요 렌더링 경로(critical rendering path)를 최적화해야 한다.

중요 렌더링 경로가 어떻게 동작하는지 이해하려면 어떻게 브라우저가 페이지의 HTML과 CSS, 자바스크립트를 읽어 웹 페이지의 시각적 표현을 만드는지 그 정교한 과정부터 이해할 필요가 있다. 페이지를 불러올 때 브라우저는 문서 객체 모델이라 불리는 DOM을 만드는 것부터 시작한다. 사용자의 브라우저는 웹 서버에서 HTML을 받아 파싱한다. 이 과정은 바이트를 문자로, 문자열을 <body>와 같은 토큰으로, 토큰을 프로퍼티와 규칙을 가진 객체로 만들고 최종적으로 이 객체들을 서로 연결하면서 데이터 구조를 만드는 순서로 진행된다. 이를 통해 페이지를 표시하기 위해 브라우저가 앞으로 처리할 모든 페이지 작업에 필요한 DOM 트리가 만들어진다.

브라우저가 HTML을 파싱하는 과정에서 스타일시트를 만나면 브라우저는 모든 작업을 일시 중지하고 서버에 파일을 요청한다. 브라우저가 파일을 받으면 앞에서 한 작업과 유사한 작업을 반복한다. 바이트가 문자로, 문자열이 토큰으로, 토큰이 객체가 되고 객체가 트리 구조로 연결되고 마지막으로 CSS의 객체 모델인 CSSOM이 생성된다.

다음으로, 브라우저는 DOM과 CSSOM을 결합해 화면에 보이는 모든 요소의 위치와 크기를 계산하는 데 필요한 렌더링 트리를 만든다. 렌더링 트리는 페이지를 표시하는 데 필요한 정보만 가지고 있다(그러므로 display:none으로 선언된 것은 렌터링 트리에 포함되지 않는다). 마지막으로 브라우저가 최종적으로 만든 렌터링 트리를 이용해 화면을 표시한다.

지금까지 설명한 전체 과정은 브라우저가 사용자에게 콘텐츠를 표시하기 위해 거치는 중요 렌더링 경로를 보여준다. 사용자에게 페이지가 표시되는 데 얼마나 걸리는지 볼 수 있는 방법으로는 웹페이지테스트의 Start Render 지표 측정이 있는데 이 방법을 사용하면 콘텐츠의 렌더링을 시작하는 데 브라우저에서 몇 초가 소요되었는지 알 수 있다.

웹페이지테스트의 슬라이드 보기 방식을 이용하면 페이지 로딩 시간에 따라 화면에 무엇이 보이는지 알 수 있다(그림 2-5).

그림 2-5 웹페이지테스트의 슬라이드 보기 기능을 이용하면 시간에 따라 페이지를 로딩하면서 사용자의 화면에 무엇이 표시되는지 볼 수 있다.

0.5초 간격으로 야후! 홈페이지를 살펴보면 거의 2초가 될 때까지 페이지가 비어 있는 것을 볼 수 있다. 페이지에 무엇이 되었든 나타나야 사용자는 페이지가 빠르다고 느끼게 된다는 점을 기억하자.

> ✔️ 웹페이지테스트의 결과는 지역, 브라우저, 인터넷 속도 그리고 그 밖의 다양한 요소에 따라 다를 수 있다. 앞에서는 야후! 홈페이지를 0.5초 간격으로 살펴보았지만, 여러분은 여러분의 사이트를 0.1초 간격으로 보고 싶을 수도 있다. 이 또한 웹페이지테스트의 슬라이드 보기에서 지원한다.

중요 렌더링 경로를 최적화하는 방법에는 몇 가지가 있다. 먼저 CSS는 렌더링을 멈추게 하는 자원 중 하나이므로 미디어 타입과 미디어 쿼리를 이용해 어떤 부분을 멈추지 않고 계속 렌더링할지 표시하는 것부터 살펴보자.

```
<link href="main.css" rel="stylesheet">
<link href="print.css" rel="stylesheet" media="print"> ❶
<link href="big-screens.css" rel="stylesheet"
  media="(min-width: 61.5em)"> ❷
```

❶ 페이지가 인쇄될 때만 스타일시트를 적용한다. 그러므로 페이지가 처음 로딩될 때는 이 부분의 렌더링이 중단되지 않는다.

❷ 브라우저의 폭이 61.5em과 같거나 클 때만 스타일시트를 적용한다. 브라우저의 폭이 61.5em 미만인 때는 렌더링이 중단되지 않고 브라우저가 최소 폭 조건을 만족할 때 렌더링이 중단된다.

중요 렌더링 경로를 최적화할 수 있는 또 다른 방법은 자바스크립트를 가능한 한 효율적으로 로딩하는 것이다. 비동기로 선언하지 않은 자바스크립트는 브라우저가 DOM을 만드는 것을 중단할 수 있다. 어떻게 만들어야 페이지 로딩 시 자바스크립트가 적절히 동작하는지에 대한 더 자세한 내용은 4장 'CSS와 자바스크립트 로딩'을 참고하자.

사이트의 중요 렌더링 경로가 바뀌면 체감 성능이 어떻게 영향을 받는지 더 자세히 알고 싶은가? 이를 위해 웹페이지테스트는 여러분의 페이지를 측정할 수 있는 '속도 지수'라는 측정법[3]을 제공한다. 웹페이지테스트의 가이드 문서에 따르면 속도 지수란 페이지에 표시될 것들이 보이는 데 걸리는 평균 시간을 말한다. 그리고 속도의 단위는 밀리초(milliseconds)를 사용하며 선택한 뷰 포트의 크기에 따라 달라진다.

속도 지수 측정법은 사이트의 체감 성능을 잴 때도 매우 유용하다. 속도 지수 측정법을 통해 콘텐츠가 사용자의 화면에 얼마나 빨리 보일지 알 수 있기 때문이다. 앞서 말했지만 브라우저의 페이지 콘텐츠 로딩 속도를 개선하는 것보다 사용자에게 페이지를 일부분이라도 빠르게 보여주면서 동시에 페이지가 즉각 반응하도록 개선하는 것이 더 효과적이다 (사용자의 화면에 표시할 내용을 모두 로딩한 후에 비동기적으로 콘텐츠를 호출하는 경우도 포함된다). 웹페이지테스트 서비스를 이용한 속도 지수 측정과 페이지를 완전히 로드하는 데 걸리는 시간 측정 등은 6장에서 더 자세히 살펴볼 것이다.

사용자가 페이지를 탐색하기 시작해 링크를 클릭하거나 무언가를 검색하거나 비디오를 보는 것으로 끝나는 일련의 과정에 걸리는 시간을 가리켜 상호작용 시간이라 한다. 콘텐츠의 로딩 속도 개선에 주로 사용하는 다음의 중요 렌더링 경로 최적화 기법들은 상호작용 시간 개선에도 효과가 있다.

- 비동기 방식으로 콘텐츠 가져오기
- 화면에 보이는 부분의 콘텐츠를 먼저 표시하도록 우선순위 높이기
- CSS와 자바스크립트 로딩 모범 사례 따르기(4장 'CSS와 자바스크립

---

3 https://sites.google.com/a/webpagetest.org/docs/using-webpagetest/metrics/speed-index

트 로딩'에서 자세히 살펴보자)

- 재방문 사용자를 고려하며 자원 캐싱하기(4장 '자원 캐싱하기'에서 자세히 살펴보자)
- 사용자가 페이지의 주요 기능을 최대한 빨리 사용할 수 있도록 보장하기

총 페이지 로딩 시간에 영향을 주는 요소들뿐만 아니라 중요 렌더링 경로를 최적화하면 사이트의 로딩 시간이 빨라지는 것과 함께 사용자에게 사이트에 대한 긍정적인 인상을 줄 수 있다.

쟁크

웹 페이지를 스크롤할 때 화면이 버벅거리거나 건너 뛰는 현상을 본 적이 있는가? 이를 쟁크(Jank)라 부르는데, 브라우저가 초당 60프레임 이하로 렌더링할 때 발생한다. 이 버벅거림은 사용자 경험에도 좋지 않고 사이트 성능에 대한 사용자의 인식에도 부정적인 영향을 미친다.

보통 버벅거리는 현상은 브라우저가 페이지의 변경사항을 화면에 표현하는 과정에서 발생한다. 브라우저는 배경이나 색상, 테두리 굴림, 그림자 같은 요소의 시각적 속성이 변경되면 이를 화면에 새로 그린다. 또한 사용자가 페이지에 포함된 요소의 시각적 속성에 영향을 미치는 행동을 할 때에도 브라우저는 화면을 새로 그린다. 예를 들어 사용자가 콘텐츠를 드러내거나 숨기는 동작, 이미지 슬라이드를 하나씩 넘기는 동작을 할 때마다 브라우저는 이로 인해 바뀐 부분을 새로 그린다.

때때로 브라우저가 변경사항을 화면에 다시 그리는 일이 브라우저의 렌더링에 크게 영향을 미쳐 렌더링 비율이 초당 60프레임 이하로 내려가기도 한다. 위치나 크기, 회전, 불투명 처리가 포함된 어떤 애니메이션은 최신 브라우저들이 초당 60프레임 내에서 처리할 수 있지만 다른 애니메이션들은 버벅거릴 수도 있다. 화면을 새로 그리는 작업은 브라우저에게 비용이 큰 작업이므로, 애니메이션이 버벅거리면 사용자는 쟁크가 발생한다고 느낀다.

만약 여러분의 사이트에서 버벅거리는 증상을 느꼈다면 근본 원인을 찾는 데 사용할 수 있는 몇 가지 브라우저 도구가 있으니 이를 활용해보자. 크롬 개발자 도구의 타임라인 보기는 페이지가 사용자와 상호작용하면서 변화하는 프레임 속도를 보여준다(그림 2-6).

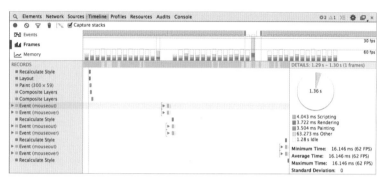

그림 2-6 크롬 개발자 도구의 타임라인 보기는 페이지가 사용자와 상호작용하면서 변화하는 프레임 속도를 보여준다.

일단 '녹화' 버튼을 누르고 페이지와 상호 작용하기 시작하면 크롬 개발자 도구는 초당 프레임을 녹화하는 동시에 스타일 재계산이나 이벤트 처리, 화면 갱신처럼 브라우저가 하고 있는 일도 기록한다. 그러므로 프레임 속도가 초당 60프레임 아래로 내려가는 영역을 발견하면 그 영역의 갱신을 줄이도록 먼저 수정하면 된다. 페이지에서 문제가 발생한 영역의 요소들을 하나씩 보이지 않도록 처리하면서 어떤 요소가 버벅거리게 만들었는지 먼저 확인한다. 원인이 되는 요소를 찾은 후에는 색상을 감추거나 그림자 설정 값, 애니메이션 등을 변경해 보면서 정확히 어떤 동작이 원인인지 찾는다. 이에 대한 더 자세한 내용은 4장 '크롬 개발자 도구'를 살펴보자.

사이트 성능에 대한 사용자 인식이 문제라면 미리 정해 놓은 테스트 방법에 따라 다양한 지역과 기기에서 테스트를 하는 것이 좋다. 페이지의 가장 큰 문제가 무엇인지 여러분은 바로 찾을 수 있는가? 페이지가 느리다는 느낌이 드는가? 특정 브라우저나 모바일 기기에서 쟁크가 발생하는 것은 아닌가? 사용자 테스트를 진행하는 것도 페이지의 어느 부분이 가장 빠르게 로딩되어야 하고 체감 성능과 중요 렌더링 경로를 개선하기 위해 어느 부분을 더 최적화해야 하는지 확인하는 데 도움이 된다.

사용자가 사이트의 빈 페이지를 보면서 많은 시간을 허비해야 하거나 특정 영역을 클릭할 수 있을 때까지 한참을 기다려야 한다면 사용자는 사이트가 느리다고 생각하게 될 것이다. 이때는 로딩 순서 및 페이지에 대한 요청의 크기를 최적화하는 데 집중해보자. 사용자가 페이지와 더 빠르게 상호작용할 수 있고 서버에서 받는 콘텐츠 중에서 사용자에게 보여줄 부분을 우선적으로 처리할 수 있다면 자연스럽게 사이트의 체감 성능도 개선되고 더 나은 사용자 경험을 제공할 수 있다.

페이지 속도에 영향을 미치는 다른 요소

페이지 속도에 영향을 미치는 요소에는 우리가 제어할 수 있는 성능적 요인 외에 사용자의 지리적 위치나 네트워크, 브라우저 같은 환경적 요인들도 있다.

지리

사용자의 지리적 위치는 사이트의 로딩 시간에 크게 영향을 줄 수 있다. 여러분이 웹페이지테스트 같은 테스트 도구를 사용하여 다양한 지리적 위치에서 여러 테스트를 실행한다면 로딩 시간의 스펙트럼을 확인할 수 있다. 이것은 브라우저가 물리적 연결을 통해 데이터를 송수신하고 먼 거리에서 콘텐츠를 수신할 때 속도에 한계가 생긴다는 당연한 사실 때문이다. 그러므로 서버가 거리상 멀리 떨어져 있다면 사용자의 브라우저가 서버에 접속하는 데 더 많은 시간이 걸릴 것이다. 사용자가 호주에 있고 사용자는 접근하고자 하는 콘텐츠는 미국의 서버에 있다면 미국의 사용자가 콘텐츠에 접근할 때보다 훨씬 더 오래 걸릴 수 있다.

이런 이유로 전세계 사용자를 고객으로 삼는 사이트들이 CDN (Content Delivery Networks, 콘텐츠 전송 네트워크)을 사용한다. CDN

은 전세계에 데이터를 미리 복사한 서버를 준비하여 사용자가 거리상 가장 가까운 서버에 접근하도록 하는 방식으로 시간을 절약한다. 위의 예제처럼 호주에 사는 사용자라면 여러분은 아시아/태평양 지역에 있는 CDN을 통해 서비스를 제공하여 사용자가 가까운 서버에서 콘텐츠에 접근하도록 할 수 있다.

네트워크

사용자의 거주 지역에 따라 대역폭 자체의 제한이나 주어진 기간에 소비할 수 있는 대역폭의 양에 제한이 있을 수 있다. 혹은 사용자들이 사는 곳의 인터넷 환경이 우리가 사이트의 속도를 테스트하는 데 사용하는 환경보다 불안정하거나 느릴 수 있다. 여러분은 여러분의 사이트를 테스트하는 것이고, 그러한 테스트를 통해서는 실제 사용자 경험을 대표할 수 없다는 것을 기억하자. 여러분은 사용자보다 더 나은 인터넷 환경과 빠른 연결 속도, 좋은 기기를 가지고 테스트하고 있는 중이다.

마찬가지로 사용자의 네트워크는 각각의 콘텐츠에 대한 요청을 수행하는 데 드는 시간에 막대한 영향을 미칠 수 있다. 느린 네트워크에서는 사용자의 브라우저가 콘텐츠를 가진 서버를 찾고 초기 연결을 하는 데 더 오래 걸릴 수 있고, 콘텐츠를 다운받는 것은 초기 연결보다 더 오래 걸릴 수도 있다. 이는 사용자의 브라우저가 페이지를 렌더링하는 데 필수적으로 받아야 하는 콘텐츠를 받기 위한 요청 시간을 배가시킬 것이다. 모바일 네트워크는 네트워크 대기 시간에 영향을 미치는 대표적인 경우다. 이에 대한 더 자세한 내용은 1장 '모바일 네트워크' 부분을 살펴보자.

브라우저

각 브라우저마다 콘텐츠 요청과 렌더링을 약간씩 다르게 처리하기 때문에 사용자가 사용하는 브라우저 또한 사이트의 체감 성능에 영향을 줄 수 있다. 프로그레시브 JPEG 파일을 지원하지 않는 브라우저는 파일을 완전히 다운받은 후에 화면에 보여주기 때문에 사용자는 다른 JPEG 파일보다 느리다고 느낄 수 있다(더 자세한 내용은 3장 'JPEG'에서 다룬다). 그리고, 동시 연결 수를 적게 지원하는 브라우저는 더 많이 지원하는 브라우저보다 요청과 렌더링을 처리하는 데 시간이 더 걸릴 것이다.

이 모든 환경적 요인은 여러분이 제어할 수 없는 영역이다. 그러나 의식적으로 사이트 로딩 시간을 최적화하고 다양한 지역과 기기에서 사이트의 성능을 정기적으로 테스트한다면 사용자에게 가능한 한 최고의 사용자 경험을 제공하는 데 도움이 될 것이다.

다음 장에서는 사이트 대부분의 페이지에서 가장 큰 비율을 차지하고 있는 이미지를 다룬다. 또한 페이지 크기와 콘텐츠 요청이 사이트의 총 로딩 시간에 미치는 영향을 살펴보고, 이미지 종류별 차이점과 이미지 압축에 대해서도 살펴볼 것이다. 이미지 파일과 이미지가 브라우저에서 렌더링되는 과정을 최적화할수록 사이트의 사용자 경험이 개선되기 때문에 이미지에 대해 이해하는 것이 중요하다.

3장

*D e s i g n i n g   f o r   **P e r f o r m a n c e***

이미지 최적화

대부분의 사이트에서 페이지 용량의 대부분을 이미지가 차지한다. 2013
년 한 해 동안 웹 페이지의 콘텐츠 요청 횟수는 그리 늘지 않았는데 이에
비해 이미지가 웹 페이지에서 차지하는 비중은 30% 이상 늘어났다.[1] 그
림 3-1처럼 일반적인 사이트에서는 이미지의 파일 크기와 개수가 차지하
는 비중이 크기 때문에 이미지 최적화는 사이트 내의 페이지 로딩 시간
을 개선할 때 가장 쉬우면서도 큰 효과를 낼 수 있는 방법이다.

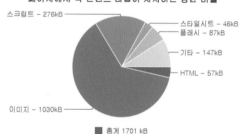

페이지에서 각 콘텐츠 타입이 차지하는 평균 비율

그림 3-1 HTTP 아카이브의 페이지 크기에 대한 설문 조사(http://httparchive.org/interesting.php)는 대부
분의 사이트에서 총 페이지 크기의 대부분을 이미지가 차지하고 있다는 것을 보여준다.

다음의 작업을 통해 주요 콘텐츠 이미지뿐 아니라 사이트를 구성하는
이미지들도 상당 부분 개선할 수 있다.

---

1 https://blogs.akamai.com/2013/11/extreme-image-optimization-webp-jpeg-xr-in-aqua-ion.
html

- 각 이미지 파일의 크기와 품질 사이의 균형점 찾기
- 사이트의 이미지 요청 횟수를 줄일 방법 찾기
- 사이트의 이미지 생성 워크플로를 최적화하여 성능 개선하기

사이트에서 사용할 수 있는 다양한 이미지 포맷을 먼저 살펴보자. 그리고 페이지 속도 개선을 위해 여러분의 사이트에서 할 수 있는 이미지 최적화 선택 사항도 검토해보자.

이미지 포맷 고르기

사이트에 사용할 이미지를 만들 때 사용할 수 있는 포맷은 여러 가지가 있다. 이미지 포맷을 결정할 때 다음의 질문을 스스로에게 던져보자.

- 눈에 띄는 품질 저하 없이 이미지를 압축할 수 있는가?
- 얼마나 많은 색상이 필요한가?
- 이미지를 더 단순하게 할 방법은 없는가?
- 이미지가 투명해야 하는가?
- 애니메이션이 필요한가?
- 이미지가 화면에 표시될 때 최대 높이와 너비는 어떻게 되는가?
- 사이트에서 어떤 용도로 이미지를 사용할 것인가?

웹에서 사용하는 가장 일반적인 이미지 파일 포맷은 JPEG, GIF, PNG 다. 표 3-1은 가장 인기 있는 이미지 파일 포맷들을 각각 언제 사용해야 하고 어떻게 최적화할 수 있는지 보여준다.

이미지 포맷	모범 사용 예	최적화 방법
JPEG	사진, 많은 색이 사용된 이미지	해상도 줄이기, 프로그레시브 JPEG로 내보내기, 이미지 노이즈 줄이기
GIF	애니메이션	디더링(dithering) 줄이기, 색상 수 줄이기, 수평 패턴 사용, 수직 노이즈 줄이기
PNG-8	적은 색이 사용된 이미지	디더링 줄이기, 색상 수 줄이기, 수평 및 수직 패턴 사용
PNG-24	일부 투명한 이미지	노이즈 줄이기, 색상 수 줄이기

표 3-1 이미지 포맷 개요

이제 각 이미지 포맷의 장단점을 비롯해 각 이미지 포맷으로 저장하고 최적화하는 방법을 살펴보자.

JPEG

JPEG 파일은 아주 많은 색상이 사용된 이미지/사진에 이상적인 포맷이다. JPEG 파일은 높은 화질의 이미지를 사람의 눈으로 보기에는 차이가 없을 정도까지만 이미지를 손실시킨 후 압축하도록 설계되었다. 다만 JPEG가 손실 압축 방식이므로 낮은 품질의 이미지를 저장하는 데 JPEG 파일을 사용하면 사용자는 이미지가 인위적으로 변형되었다거나 색이 뭉개지고 선명하지 못하다는 느낌을 받을 수 있다. 손실 압축 방식의 포맷은 파일을 저장할 때 이미지의 정보를 일부 버리는데 JPEG는 사람이 눈으로 보고 인식하는 방식을 이용해 사람이 눈치채지 못할 정도로 정보를 손실시킨다.

'인위적 변형'이란 무엇인가?

JPEG에서 말하는 '인위적 변형'이란 이미지 영역의 명확성을 잃는 것을 뜻한다. 인위적 변형은 이미지의 경계선이 불명확해지거나 픽셀이 눈에 보이거나 이미지가 뭉개지는 현상의 원인이 될 수 있다.

JPEG는 이미지의 부드러운 그레이디언트 부분과 명암 대비가 낮은 부분, 즉 사용자가 눈치채기 어려운 부분에서 정보를 버린다. 이처럼 JPEG는 인위적 변형을 하기 때문에 인접 픽셀 간 명암 대비가 크다면 PNG와 같은 다른 포맷이 더 적합할 수 있다. 하지만 JPEG 파일은 정보가 많은 이미지라도 다른 포맷보다 상대적으로 크기를 작게 만들 수 있어 웹의 이미지 대부분은 JPEG 파일을 사용한다. JPEG는 복잡한 이미지라도 대체로 다른 포맷보다 파일 크기가 더 작다. 이런 특징은 우리가 웹 페이지 로딩 속도를 개선하고자 하는 목표에 적합하다.

아무 이미지나 만들어서 포토샵의 '웹으로 저장하기(Save for Web)' 기

능을 이용해 품질과 포맷을 테스트해보자. 이때 눈에 거슬리지 않을 정
도의 적당한 품질을 유지하면서 파일 크기를 작게 만드는 데 집중해야
한다. 파일 크기와 압축된 이미지의 품질을 번갈아 확인하는 것이 중요
하다. 이미지에서 인위적 변형이 발생하거나 요소 간 대비가 지저분해
졌는지, 세밀한 부분이나 글자가 뭉개지지는 않았는지 등을 자세히 살
피자.

그림 3-2는 포토샵의 '웹으로 저장하기' 도구를 이용해 다양한 품질로
내보내기한 후 이미지의 일부분을 확대한 것이다. 각각 25, 50, 75, 100
의 품질로 내보내기한 후 이미지를 비교해보니 품질이 낮을수록 대비
가 높은 부분의 가장자리에서 더 많은 인위적 변형이 일어난 것을 알 수
있다.

그림 3-2 포토샵의 '웹으로 저장하기' 도구의 품질 비교에서 낮은 품질의 JPEG 이미지일수록 이미지 상단의 흰
색 잎을 둘러싼 녹색 배경과 같이 대비가 높은 부분에서 인위적 변형이 더 많이 일어난 것을 알 수 있다.

왜 '웹으로 저장하기'를 쓰는가?

포토샵에서 '웹으로 저장하기'와 '다른 이름으로 저장하기' 이렇게 두 가지 방법을
통해 이미지를 만들 수 있다. '다른 이름으로 저장하기'와 달리 '웹으로 저장하기'
는 생성된 이미지 파일에 추가적으로 최적화를 적용할 수 있다. 또한 이미지의 품
질을 조정할 수 있고 저장하기 전에 결과를 미리 볼 수 있다. 그러므로 '웹으로 저
장하기'를 이용하면 화질과 파일 크기 사이의 균형을 찾는 데 도움이 될 것이다.

이미지의 색상이 뚜렷할수록 JPEG의 알고리즘이 압축하거나 색을 섞을
곳을 결정하기 어렵기 때문에 JPEG 파일의 크기는 커진다. 그림 3-3을
보면 노이즈와 입자들이 JPEG 이미지 파일의 크기를 크게 늘리고 있다.
그러므로 새로운 이미지를 만들 때 특히 반복 패턴이 많이 사용된 이미
지라면 사용할 색상 수를 고려하여 JPEG를 사용할지 여부를 잘 판단해
야 한다.

노이즈 양: 5%　　노이즈 양: 5%　　노이즈 양: 10%　　노이즈 양: 10%
JPEG 품질: 50%　JPEG 품질: 75%　JPEG 품질: 50%　JPEG 품질: 75%
파일 크기: 1.56KB　파일 크기: 4.83KB　파일 크기: 2.98KB　파일 크기: 9.02KB

그림 3-3 JPEG 이미지의 노이즈와 품질, 파일 사이즈 비교

그림 3-3은 '포토샵의 웹으로 저장하기' 후 추가로 이미지 압축 도구인
이미지옵팀(ImageOptim)을 통해 다시 내보내기를 한 JPEG 파일들을
비교한 것이다. 압축 도구에 대한 더 자세한 내용은 이번 장의 '추가 압
축'을 살펴보자. 처음의 JPEG는 포토샵에서 노이즈 필터가 추가된 파란
색 사각형이었다. 왼쪽 두 개의 이미지에는 5%의 노이즈가, 오른쪽 두
개의 이미지에는 10%의 노이즈가 포함되어 있다.

　이미지를 비교해보면 노이즈가 적은 JPEG 이미지가 파일 크기도 더
작은 것을 알 수 있다. 5%의 노이즈를 가진 이미지보다 10%의 노이즈
를 가진 이미지의 파일 크기가 두 배 가까이 크다. JPEG의 품질이 전체
파일 크기에 영향을 미치는 것이다. 페이지 로딩 시간을 줄이기 위해 제
반 요건들을 최적화할 때 노이즈와 JPEG의 품질을 염두에 두고 이미지
의 어떤 부분에서 크기를 줄일 수 있을지 생각해야 한다.

　여러분이 어떤 JPEG 포맷을 선택하는지도 사이트 로딩 속도의 체감
성능에 영향을 미칠 수 있다(2장 '체감 성능'을 참고하자). 일반적으로
웹에서 많이 볼 수 있는 기본 JPEG 파일은 최고 품질 상태로 브라우저
가 위에서 아래 방향으로 읽는다. 반면 프로그레시브 JPEG 파일은 여러

번에 걸쳐 품질을 향상시키면서 이미지 파일을 반복적으로 스캔한다.

기본 JPEG 파일은 브라우저가 위에서 아래로 읽었기 때문에 이미지의 조각도 천천히 위에서 아래 방향으로 화면에 나타난다. 반면 프로그레시브 JPEG는 낮은 품질로 한꺼번에 화면에 나타난 후 이어서 점진적으로 조금 더 높은 품질의 버전으로 대체된다. 이처럼 프로그레시브 JPEG 파일은 이미지 전체를 로딩하는 대신 낮은 품질로 즉시 표현하기 때문에 기본 JPEG 파일보다 화면에 더 빠르게 나타난다.

모든 브라우저는 프로그레시브 JPEG 파일을 화면에 나타낼 수 있다. 그러나 모든 브라우저가 우리가 바라는 만큼 빠르게 JPEG 파일을 렌더링하는 것은 아니다. 프로그레시브 렌더링을 지원하지 않는 일부 브라우저는 프로그레시브 JPEG 파일을 모두 다운받은 후 화면에 이미지를 보여주기 때문에 다운받는 대로 표현하는 기본 JPEG보다 화면에 더 느리게 나타난다. 퍼프플래닛(PerfPlanet)의 '프로그레시브 JPEG파일: 새로운 모범 사례'라는 문서[2]를 참고하면 브라우저의 프로그레시브 JPEG의 지원에 대한 자세한 내용을 볼 수 있다.

여러분이 JPEG 포맷을 선택하기 전에 고려해야 할 또 다른 사항이 있다. CPU의 사용량이다. 이미지를 표시하기 위해 여러 번 스캔하는 프로그레시브 JPEG에서 각각의 스캔은 기본 JPEG 파일 하나를 페이지에 렌더링하기 위해 스캔하는 것과 같은 수준의 CPU 파워를 소모한다. 모바일 기기에서는 이 부분이 문제가 될 수 있다. 사파리 모바일 브라우저는 현재 프로그레시브 JPEG를 점진적으로 스캔하지 않는데 CPU 파워 사용을 고려하면 납득할 만하다. 반대로 안드로이드의 크롬 브라우저나 다른 모바일 브라우저는 프로그레시브 JPEG 파일을 점진적으로 렌더링한다. 종합하면 프로그레시브 JPEG 파일은 전반적인 사용자 경험을 개선하는 훌륭한 방법이지만 향후에 CPU 사용을 줄일 수 있도록 브라우저 제조사들의 지속적인 노력이 필요한 포맷이라 할 수 있다.

만약 기존의 기본 JPEG 파일을 프로그레시브 JPEG 파일로 바꾸는 테

---

2 http://calendar.perfplanet.com/2012/progressive-jpegs-a-new-best-practice

스트에 관심이 있다면, 스머시잇(Smush.it)[3]같은 도구가 도움이 될 수 있다. 포토샵의 '웹으로 저장하기' 대화 상자를 통해 처음부터 프로그레시브 JPEG 포맷으로 이미지를 저장하고 싶다면 '웹으로 저장하기' 창 오른쪽 상단 영역의 품질 선택기(Quality picker) 근처 프로그레시브 체크 박스에 체크하기만 하면 된다(그림 3-4 참고).

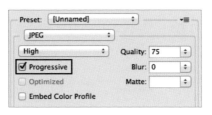

그림 3-4 포토샵의 '웹으로 저장하기' 창에서 프로그레시브 체크 박스를 선택하여 프로그레시브 JPEG를 만들자.

포토샵에서 내보내기를 통해 JPEG 파일을 만들고 나면 압축 도구를 실행해야 한다. 손실이 없거나 혹은 매우 적은 손실만으로 파일 크기를 더 줄일 수 있기 때문이다. 이번 장 '추가 압축'에서 압축 도구와 이를 사용하는 워크플로를 추천할 것이다.

GIF

GIF는 웹에서 가장 오래된 그래픽 파일 포맷 중 하나다. GIF 파일 포맷은 원래 하나의 파일에 복수의 비트맵 이미지를 저장하기 위해 1987년에 만들어졌다. GIF 포맷은 인기가 시들한 적도 있었지만 애니메이션을 포함할 수 있는 기능 덕분에 이후 인기를 회복했다. GIF는 투명성뿐 아니라 애니메이션도 지원하지만, 프레임 안에 256색까지만 포함할 수 있다는 제한이 있다. GIF 파일에 애니메이션이 포함되어 있는 경우 각각의 프레임은 최대 256색 별도의 팔레트를 지원할 수 있다. 그리고 JPEG 파일과 달리 GIF는 무손실 파일 포맷이다.

---

3 http://www.smushit.com/
(옮긴이) 현재 야후에서 무료로 서비스하던 Smush.it 사이트는 접속이 중단되었다. 이 글(http://www.phpied.com/smush-it-is-dead-long-live-smushing)을 참조하자.

　　드물지만 다음의 두 경우는 이미지 파일 포맷을 GIF로 선택하는 것이 좋다.

- GIF 파일의 크기가 PNG-8로 생성한 이미지 파일의 크기보다 작을 때
- 애니메이션을 CSS3으로 대체할 수 없을 때

GIF를 만들 때 화질과 파일 크기 사이의 균형을 찾기 위해 시도해볼 만한 몇 가지 옵션이 있다. 먼저 그림 3-5처럼 '웹으로 저장하기' 도구 내 팔레트에서 디더 양과 색상 수를 선택할 수 있다.

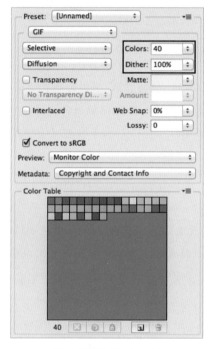

그림 3-5 포토샵에서 GIF 만들기

디더링(dithering)은 색상 간 전환이 더 부드럽게 보이도록 도와주는 기능이다. 디더링을 적용하면 색상이 다른 인접한 픽셀들을 검사하여 부드러우면서도 색상들이 조화롭게 보이도록 두 색 사이에 새로운 색을 골라 넣는다. 다음의 그림들을 통해 최대 40가지 색상을 가진 이미지

에 디더링을 0으로 설정했을 때(그림 3-6)와 100으로 설정했을 때(그림 3-7)의 차이를 볼 수 있다.

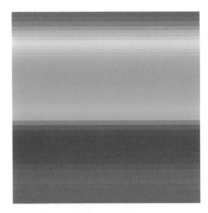

그림 3-6 디더링을 0으로 설정한 GIF: 4.8KB

그림 3-7 디더링을 100으로 설정한 GIF: 9.7KB

디더링의 양은 GIF 파일의 크기에 영향을 준다. 그림 3-6과 그림 3-7을 보면 디더링을 0으로 설정했을 때 GIF의 크기는 4.8KB이고, 디더링을 100으로 설정하여 내보내기를 한 GIF의 크기는 9.7KB이다. 두 그림에 서는 모두 '웹으로 저장하기'의 팔레트에 최대 40가지 색상만 사용했지 만 여러분이 원한다면 필요에 따라 팔레트에 최대 256색을 넣을 수도 있다.

홍미로운 것은 GIF로 저장된 이미지의 그레이디언트 방향을 수평에서 수직으로 변경하고 디더링을 100으로 설정하면 그림 3-8에서처럼 파일 크기가 변한다는 것이다.

그림 3-8 수직 패턴을 가진 GIF: 21KB

이번에는 왜 파일 크기가 두 배나 더 클까? GIF는 수평 중복성을 제거하는 압축 알고리즘을 수행한다. 따라서 수직으로 된 내용이나 노이즈를 추가하면 GIF 파일의 크기가 증가한다. 이런 특징을 참고하여 여러분이 GIF를 만들 때에는 어떻게 해야 보기에 좋으면서도 가장 작은 크기의 최적화된 파일을 만들 수 있을지 고민해야 한다. 수직으로 된 노이즈를 줄이면 GIF의 파일 크기에 상당히 긍정적인 영향을 줄 수 있다.

적은 수의 색상과 날카로운 모서리를 포함하는 이미지라면 아마도 PNG-8이 적합한 파일 포맷일 것이다. PNG 파일은 GIF와 다른 압축 방법을 사용하는데, 이 압축 방법은 GIF 포맷의 수평 패턴에 추가로 수직 패턴도 처리한다. 그래서 PNG-8 버전으로 압축한 이미지가 GIF보다 파일 크기가 작을 가능성이 매우 높다. 그러니 파일 크기와 화질 사이의 균형을 찾고자 한다면 PNG-8 포맷도 테스트하자.

마지막으로 스피너나 로딩 표시 등의 간단한 애니메이션을 GIF로 저장했다면 이를 CSS3 애니메이션으로 교체할 수 있을지 고려해보자. CSS3 애니메이션은 GIF보다 크기가 작아 가벼우면서도 대체로 성능이 더 좋다. 그러므로 GIF를 CSS3으로 대체할 수 있을지 테스트할 가치가 있다.

PNG

GIF 파일 포맷을 개선하고자 설계된 무손실 이미지 포맷이 PNG다. 포토샵의 내보내기를 이용하면 PNG-8이나 PNG-24 이미지 포맷으로 저장할 수 있다. 성능을 최적화할 때 두 이미지 포맷의 장단점을 고려해 선택하자.

이미지가 투명해야 한다면 PNG 포맷이 최고의 선택이 될 것이다. GIF 포맷도 투명성을 지원하지만 파일 크기가 대체로 PNG 파일보다 훨씬 더 크다. PNG 파일은 GIF 파일처럼 수평 패턴을 인식하고 압축할 뿐 아니라 수직 패턴도 찾아 압축하기 때문에 GIF 포맷보다 PNG 포맷을 사용할 때 추가적인 압축 효과를 얻을 수 있다.

이미지의 색상 수가 적은 경우라면 PNG-8 파일 포맷이 최선의 선택이 될 수도 있다. PNG-8 파일은 이미지 내에 최대 256색만 사용할 수 있는 제한이 있지만 일반적으로 파일의 크기가 작은 편이다.

그림 3-9의 이미지는 총 247개 색상으로 이루어진 것을 볼 수 있다. 이 예제 속 이미지의 팔레트에 있는 247개 색상 모두가 회색 계통이다. PNG-8 이미지는 GIF 이미지처럼 최대 256색을 포함할 수 있고 또한 GIF처럼 전체 파일 크기에 영향을 미치는 디더 양(앞서 설명한 'GIF'를 참고하자)을 선택할 수도 있다.

그림 3-9에서는 투명도(Transparency)도 처리하고 있다. 텍스트에는 그림자 효과가 적용되어 있으며 PNG-8로 내보내기하는 화면을 보면 흰색 매트(Matte)가 선택되어 있다. 매트란 이미지의 배경색이 무엇인지 미리 포토샵에 알려주는 것으로, 내보내기한 이미지가 들어갈 페이지의 배경색과 일치해야 한다. 포토샵은 글자를 둘러싼 다른 픽셀에 색을 칠하기 위해 설정 값을 기반으로 어떤 픽셀이 투명해야 할지, 그리고 원래의 반투명 그림자가 선택한 매트색을 어떻게 혼합할지 선택한다.

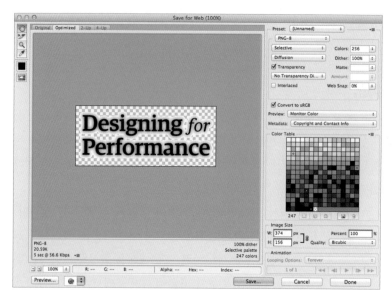

그림 3-9 포토샵에서 PNG-8로 내보내기하는 화면

그림 3-10에서는 PNG 이미지가 최대 256색을 팔레트에 포함할 수 있도록 설정했는데 이미지를 자세히 보면 256색 모두가 필요하지 않다. 이 경우 PNG 포맷은 흰색, 파란색, 초록색, 빨간색의 4색만으로 내보내기가 된다. 그리고 여러분이 투명도 체크 박스를 선택했더라도 포토샵이 판단하기에 불필요하다면 흰색 배경으로 내보내기도 한다. 이처럼 포토샵은 이미지 크기를 최적화하는 방향으로 동작하지만 여전히 추가 압축 도구를 사용하면 좋다. 추가 압축 도구는 이번 장 '추가 압축' 항목에서 자세히 다룬다.

PNG-24 파일 포맷에는 PNG-8과 같은 팔레트 색상 제한이 없다. 사이트에 추가할 사진을 PNG 파일로 저장할 경우 무손실 압축 파일이기 때문에 파일 크기가 JPEG 파일보다 다섯 배에서 열 배까지 커질 것이다. 그래서 PNG 이미지 파일도 다른 이미지 파일처럼 크기를 줄이려면 노이즈와 색상 수를 줄이는 것이 좋다. 그림 3-11에서 각각 5가지 색상과 10가지 색상을 가진 줄무늬 이미지를 비교해보자.

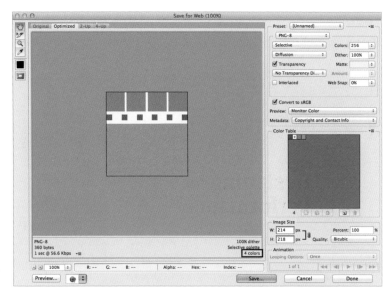

그림 3-10 네 가지 색상으로 PNG-8 이미지를 내보내기하는 화면

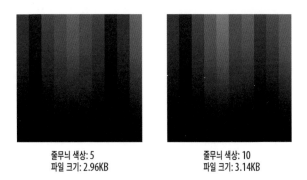

줄무늬 색상: 5
파일 크기: 2.96KB

줄무늬 색상: 10
파일 크기: 3.14KB

그림 3-11 각각 5가지, 10가지 색상을 가진 두 PNG 이미지의 파일 사이즈

이 이미지들은 포토샵의 '웹으로 저장하기' 도구를 통해 PNG-24 이미지
로 내보내기한 것이다. 이미지의 색상 수가 증가하니 파일 크기가 6%
늘어났다. 4장 '재사용 가능한 마크업 만들기'에서도 다루겠지만 사이
트에 사용된 색상 표준화(Normalization)와 같은 방법을 통해 이미지의
색상 수를 줄일 수 있다면 파일 크기를 줄일 수 있다. 그리고 파일 크기
가 감소하면 사이트의 성능에도 긍정적인 영향을 줄 수 있다.

그림 3-12은 앞서 그림 3-9에서 PNG-8로 내보내기한 이미지와 같은 것이다. 하지만 PNG-24는 PNG-8과 투명도를 처리하는 방법이 다르다.

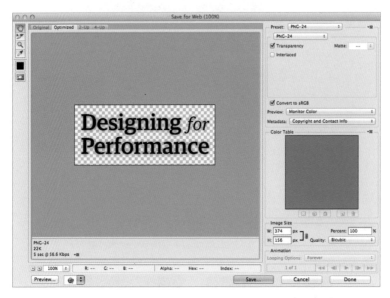

그림 3-12 투명한 PNG-24 이미지 내보내기 화면

PNG-8 파일은 포토샵에 그림자를 혼합할 수 있는 매트 색상을 지정했다. 그리고 PNG-8 이미지에는 부분적으로 투명한 픽셀은 없었고 그림자 밖의 완전히 투명한 픽셀들만 있었다. 반면 PNG-24 파일에는 부분적으로 투명한 픽셀이 있다. 당연히 이런 픽셀들은 파일 크기를 커지게 한다. 예제가 아닌 더 복잡한 실제 이미지에서는 파일 크기가 더 크게 증가할 것이다. 그러니 투명도가 필요 없고 많은 색상이 쓰이는 이미지라면 JPEG를 선택하자.

　PNG-8 이미지도 부분적으로 투명할 수 있게 만들어주는 파이어웍스(Fireworks, 포토샵 같은 이미지 편집 도구)나 pngquant(PNG 포맷 이미지를 위한 손실 압축 도구) 같은 도구가 있다. 만약 포토샵에서 부분적으로 투명한 이미지를 내보내고 싶다면 PNG-24 파일 포맷을 사용하는 것이 좋다. 포토샵에서 내보내기한 이미지는 추가 압축 도구를 통해 한 번 더 압축하자. 더 자세한 내용은 다음의 '추가 압축'에서 살펴보자.

인터넷 익스플로러 6처럼 오래된 브라우저는 PNG 파일 포맷을 제한 적으로 지원한다. 만약 오래된 브라우저들로 접속하는 사용자가 많다 면 성능을 최적화할 때 오래된 브라우저에서도 파일이 의도했던 대로 보이는지 테스트하는 것을 잊지 말자.

새로운 이미지 포맷은 어떤 것이 있는가?

WebP[4]나 JPEG XR[5], JPEG 2000[6] 같은 새로운 이미지 포맷들은 성능을 위한 최 적화가 더 잘 되어 있다. 만약 브라우저와 이미지 제작 소프트웨어가 이런 이미지 포맷들을 지원하면 새로운 파일 포맷을 이용해 사이트 내 이미지를 최적화할 수 있고, 이는 페이지 속도 및 체감 성능을 더욱 개선할 것이다.

추가 압축

여러분은 이미지를 내보내기 전에 화면에 실제 보이는 크기와 같은 크 기로 내보내지는지 확인해야 한다. 예를 들어 필요한 이미지보다 더 크 게 내보내기를 한 후 사용자에게 보여줄 때 태그를 이용해 작게 보이도 록 하면 페이지 로딩 시간에 부정적인 영향을 미칠 뿐 아니라 사용자에 게 필요 이상으로 많은 바이트를 다운받도록 강요하는 것이 된다. 올바 른 크기의 이미지를 어떻게 제공하는지는 5장 '전략적 콘텐츠 로딩'에서 다룬다.

이미지를 내보내기한 후에는 다양한 파일 포맷에 맞춰 최적의 압축 방법을 찾아주는 이미지옵팀[7]과 같은 추가적인 압축 도구를 실행하자.

이미지옵팀은 맥(Mac)용 소프트웨어다. 그림 3-13처럼 드래그 앤 드 롭으로 이미지옵팀에 이미지를 넣기만 하면 이미지에 가장 적합한 무손 실 압축 방법을 찾아 불필요한 색상 프로파일과 주석을 제거해준다.

---

4 https://developers.google.com/speed/webp
5 http://en.wikipedia.org/wiki/JPEG_XR
6 http://en.wikipedia.org/wiki/JPEG_2000
7 http://www.imageoptim.com

이 소프트웨어는 PNGOUT, Zopfli, Pngcrush, AdvPNG, 확장 OptiPNG, JpegOptim, jpegrescan, jpegtran 및 Gifsicle 같은 현존하는 많은 압축 도구를 내장하고 있다. 이미지옵팀은 JPEG 파일, PNG 파일, 심지어 애니메이션 GIF 파일까지 이미지에 가장 적합한 압축 방법을 자동으로 선택해 처리한다. 이미지옵팀은 무손실 압축 방법을 사용하므로 품질을 희생하지 않으면서 파일 크기만 줄이는 웹 성능 최적화가 목표라면 가장 적합한 도구일 것이다.

그림 3-13 이미지옵팀은 이미지 파일 크기를 줄이기 위해 무손실 압축 방법을 사용하는 소프트웨어다.

이런 도구는 이미지의 품질 저하 없이 크기를 줄일 수 있는 방법을 찾아 엄청난 용량을 추가적으로 줄일 수 있게 도와준다. 화질과 성능 사이의 균형을 맞춘다는 면에서 이미지를 웹에 업로드하기 전에 압축 도구를 이용해 최적화하면 화질을 포기하지 않고 성능을 개선할 수 있어 도움이 될 것이다.

웹사이트에 업로드하는 모든 이미지의 최적화 과정을 가능하면 자동화하는 것이 좋다. 이미지 최적화를 위해 콘텐츠를 만드는 모든 사람들의 업무를 가중시키는 것은 옳지 않다. 이미지옵팀-CLI(ImageOptim-CLI)[8]와 같은 통합 도구나 워드프레스의 플러그인 중 하나인 EWWW 이미지 최적화 도구[9]를 사이트의 프로세스에 포함하면 새로 만들어 올리는 이미지들은 콘텐츠 제작자가 원하는 추가적인 압축 효과를 자동으로 얻을 수 있다.

---

8 https://github.com/JamieMason/ImageOptim-CLI
9 https://wordpress.org/plugins/ewww-image-optimizer

이미지 요청 대체하기

이미 2장에서 다뤘듯이 페이지 로딩 시간을 개선하는 데에는 이미지 파일 크기를 줄이는 것만큼이나 이미지 요청 횟수를 줄이는 것도 중요하다. 그러므로 사이트의 이미지를 어떻게 요청하고 로딩할지 신중히 생각해서 사이트의 총 페이지 로딩 시간을 줄이고, 사용자와 사이트가 신속하게 상호작용할 수 있도록 개선하자. 이미지 요청을 줄일 수 있는 대표적인 방법은 크게 두 가지다.

- 스프라이트로 이미지를 합치기
- 이미지 파일을 CSS3, 데이터 URI, SVG 버전으로 교체하기

스프라이트

웹 성능을 이야기할 때 "가장 빠른 요청(Request)은 처음부터 요청하지 않는 것이다"라는 말을 자주 한다. 페이지의 이미지 요청 수를 감소시키는 대표적인 방법은 낱개의 이미지들을 하나의 스프라이트(Sprite) 이미지로 합치는 것이다. 스프라이트를 이용하면 큰 이미지 하나가 생기고 이미지의 위치와 그래픽을 보여주기 위한 CSS 파일이 추가되기 때문에 용량이 약간 늘어날 수 있다. 하지만 사이트의 페이지 속도 면에서는 유리하다.

스프라이트로 합치기에 가장 적합한 이미지는 크기가 작고 사이트에서 반복하여 사용되는 것이다. 흔히 사이트 전반에 걸쳐 사용되는 아이콘이나 사이트 로고, CSS 배경 이미지 등이다. 그림 3-14는 스프라이트 예제를 보여준다.

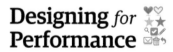

그림 3-14 sprite.png 예제 파일에는 사이트 디자인 전반에 걸쳐 사용되는 로고나 하트, 별 등의 아이콘이 포함되어 있다.

스프라이트에 메인 로고뿐 아니라 다양한 버전의 별, 그 밖의 아이콘들
이 포함되어 있음을 알 수 있다. 이제 CSS와 HTML을 사용하여 스프라
이트 기능의 나머지를 구현하자. 그림 3-15처럼 만들어볼 것이다.

Designing *for* Performance

★ We have a favorite!

★ We have a winner!!

그림 3-15 이 그림은 우리가 페이지에서 스프라이트를 사용하는 방법을 보여준다.

스프라이트를 쓰지 않는다면 각 요소에 대응하는 각각의 이미지가 있어
야 한다. 다음의 코드를 보자.

```
<h1>Designing for Performance</h1>
<p class="fave">We have a favorite!</p>
<p class="fave winner">We have a winner!!</p>
```

이 HTML에서 로고를 h1 요소에 적용해보려 한다. fave 클래스를 이용
해 첫 번째 단락에 파란 별을, 또 다른 클래스인 winner를 통해 두 번째
단락에 빨간 별을 적용할 것이다. 다음은 CSS를 통해 각각의 아이콘을
적용하는 실제 코드다.

```
h1, .fave:before {
background: transparent no-repeat; ❶
}

h1 {
background-image: url(h1.png);
text-indent: -9999px; ❷
height: 75px;
width: 210px;
}

.fave {
line-height: 30px;
font-size: 18px;
}

.fave:before { ❸
background-image: url(star.png);
display: block;
```

```
width: 18px;
height: 17px;
content: '';
float: left;
margin: 5px 3px 0 0;
}

.winner:before {
background-image: url(star-red.png);
}
```

❶ 배경을 투명으로 지정하고 요소 내에서 공간이 남더라도 배경 이미
지를 반복하지 않도록 설정했다.

❷ text-indent를 이용해 문자열을 페이지에서 화면에 보이는 영역 밖
으로 밀어내 백그라운드 이미지만 요소에 보이도록 한다. 이 방법
외에도 문자열을 보이지 않게 하는 방법은 여러 가지가 있지만 이때
화면 판독기가 화면을 읽을 수 있게 해야 한다는 것에 주의하자. 문
자열을 숨기기 위해 다음 방법을 쓸 수도 있다.

```
element {
text-indent: 100%;
white-space: nowrap;
overflow: hidden;
}
```

적용할 애니메이션이 많은 경우 text-indent : 100%로 표시하면 아
이패드 1에서 성능이 향상될 수 있다.

❸ 단락 내 문자열의 왼쪽에 별 이미지를 놓기 위해 이미지를 :before
라는 가상 요소에 적용했다. :before 셀렉터는 새로운 인라인 요소
를 만들어 선택한 요소의 콘텐츠 앞에 또 다른 콘텐츠를 넣을 수 있
게 해준다. 더불어 :after라는 가상 요소도 사용할 수 있다. 가상 요
소는 최신 브라우저에서만 지원되는데, 인터넷 익스플로러 버전 8
에서는 일부 기능만 사용 가능하며 그보다 이전 버전에서는 지원하
지 않는다.

이제 각각의 이미지 대신 스프라이트를 이용하도록 바꿔보자. 이번
에는 우리가 앞서 그림 3-14에서 만든 스프라이트를 사용하여 h1과
.fave:before에 적용할 것이다.

```
h1, .fave:before {
    background: url(sprite.png) transparent no-repeat;
}
```

그림 3-16에서 스프라이트를 :before 요소에 적용하여 만든 단락을 볼 수 있다.

Designing *for*
Performance

☞ We have a favorite!

☞ We have a winner!!

그림 3-16 이 스크린샷은 :before 요소에 스프라이트를 적용한 단락을 보여준다. 다만 아직 스프라이트가 적절하게 배치되지는 않았다.

이제는 스프라이트의 배경 위치를 변경하여 별이 제대로 보이도록 하자. 현재 h1에는 배경 위치의 기본 값인 (0, 0)이나 스프라이트의 왼쪽 위치 값이 적용되어 있을 것이다. 배경 위치는 여러 종류의 X축과 Y축 값의 쌍을 매개변수로 받을 수 있는데 예를 들면 다음과 같다.

* 50% 25%
* 50px 200px
* left top

이 경우에는 별 이미지가 스프라이트의 어디에 있는지 알고 있으니, 별이 보이도록 배경 이미지에 픽셀 값을 적용할 수 있다. 첫 번째 별이 보이도록 :before 가상 요소에 스프라이트를 왼쪽으로 216px, 위로 15px 이동시키자. 다음처럼 추가적인 CSS를 .fave:before의 기존 스타일에 추가해야 한다.

```
.fave:before {
    ...
    background-position: -216px -15px;
}
```

별을 표시하려고 하는 두 단락이 모두 fave 클래스를 공유하므로 두 번째
별은 첫 번째에 적용된 스타일을 자동으로 적용받는다. 그러므로 빨간 별
아이콘을 표시하려면 새로운 배경 이미지의 위치만 추가하면 된다.

```css
.winner:before {
    background-position: -234px -15px;
}
```

다음은 개별 이미지 대신 스프라이트를 적용한 최종 CSS다.

```css
h1, .fave:before {
    background: url(sprite.png) transparent no-repeat;
}

h1 {
    text-indent: -9999px;
    height: 75px;
    width: 210px;
}

.fave {
    line-height: 30px;
    font-size: 18px;
}

.fave:before {
    display: block;
    width: 18px;
    height: 17px;
    content: '';
    float: left;
    margin: 5px 3px 0 0;
    background-position: -216px -15px;
}

.winner:before {
    background-position: -234px -15px;
}
```

스프라이트는 이미지 요청 횟수를 줄여 페이지 로딩 시간을 크게 줄이는
데 도움이 된다. 물론 스프라이트 이미지 파일 자체의 크기뿐 아니라 스
프라이트 이미지를 사용하기 위해 추가적인 스타일을 포함한 CSS의 크
기도 증가했으므로 총 페이지 크기가 커졌다고 느낄 수 있다. 하지만 기
존에 여러 번 이미지를 요청하던 것과 달리 한번만 HTTP 요청을 하면 되
므로 스프라이트를 사용하는 것이 페이지 로딩 속도에는 훨씬 더 낫다.

로딩 속도가 개선되었는지 테스트하기 위해 사이트에 같은 페이지 내용을 두 가지 방법으로 만들었다. 하나는 개별 이미지를 가진 페이지이고 다른 하나는 스프라이트를 이용해 하나의 이미지로 합친 페이지이다. 사용자가 두 가지 버전에서 경험할 성능에 대한 느낌을 확인하기 위해 그림 3-18처럼 웹페이지테스트(WebPagetest)를 실행했다. 이와 같은 비교 테스트를 할 때마다 매번 총 로딩 시간과 전체 속도가 다를 수 있다. 하지만 이 테스트는 스프라이트가 잠재적으로 성능에 미치는 영향에 대한 것이므로 대략적인 추정치만 확인해도 충분하다.

그림 3-17은 스프라이트 적용 전/후의 페이지 연결 과정을 보여준다. 먼저 스프라이트 적용 전을 살펴보면 크롬 브라우저는 페이지의 콘텐츠를 가져오기 위해 세 개의 연결을 만들었다. 첫 번째 연결을 통해 DNS 조회와 초기 접속을 한 후 HTML 페이지를 가져오고 이어서 첫 번째 이미지를 가져왔다. 세 번째 연결을 통해 또 다시 초기 접속을 했고 이어서 다른 이미지를 다운받았다. 마지막으로 문서를 모두 가져온 후 두 번째 연결을 통해 사이트의 파비콘을 가져오고 끝이 났다.

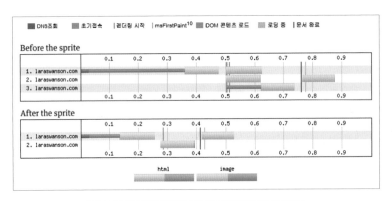

그림 3-17 스프라이트 적용 이전과 이후의 페이지 연결 과정 화면

스프라이트 적용 후를 살펴보면 크롬 브라우저는 페이지의 내용을 가져오려고 두 개의 연결을 만들었다. 첫 번째 연결에서 DNS 조회와 초기 접속을 한 후 HTML을 가져오고 곧바로 스프라이트 이미지 한 개를 다

10 (옮긴이) https://msdn.microsoft.com/library/ff974719(v=vs.85).aspx

운반았다. 문서를 모두 가져온 후에는 사이트의 파비콘을 가져왔다. 이 비교를 통해 확인할 수 있듯이 개별 이미지보다 스프라이트가 문서 로딩 속도 면에서 빠르다. 속도 지수 지표를 이용하면 스프라이트를 사용한 페이지가 얼마나 빠른지 시각화할 수도 있다(그림 3-18).

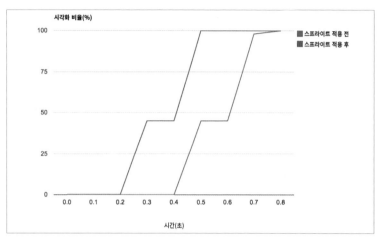

그림 3-18 웹페이지테스트의 속도 지수 지표는 페이지의 콘텐츠가 화면에 완전히 표시되는 과정을 시각적으로 표현할 수 있게 도와준다. 웹페이지테스트는 페이지 로딩시간을 기준으로 다양한 지점에서 페이지가 어떻게 완료되었는지 시간 지수를 측정하고 이를 그래프의 시간축에 표시한다.

2장 '중요 렌더링 경로'에서 언급한 바 있지만 속도 지수는 페이지 내 눈에 보이는 구성 요소들이 화면에 그려지는 평균 시간을 가리킨다. 사용자에게 구성요소들이 얼마나 빨리 화면에 보이는지를 말해주기 때문에 페이지의 체감 성능을 측정할 때 매우 유용하다. 앞의 예제에서도 속도 지수를 시간에 따라 그린 그래프를 통해 스프라이트를 사용한 페이지가 얼마나 빨리 보이는지 확인할 수 있었다.

HTTP/2란 무엇인가?

HTTP/2는 웹 프로토콜의 주요 개정 사양으로 현재 정의 중이다.[11] HTTP/2는 성능 개선에 집중하고 있으며, 가장 중요한 목표 중 하나는 서버-브라우저 사이에

---

11 (옮긴이) 원서가 출간된 후 IETF의 HTTP 워킹 그룹에서 HTTP/2의 공식 사양을 확정했다.

하나의 연결만 허용하고 브라우저가 자원을 요청하는 방법을 최적화할 수 있도록 하는 것이다. HTTP/2를 이용하면 사이트의 파일들을 호스팅하는 서버에서는 사용자의 브라우저가 페이지의 자원을 요청할 때까지 기다릴 필요 없이 무언가를 알리거나 콘텐츠를 보낼 수 있다. 동시에 이는 스프라이트가 더 이상 필요 없을 수 있다는 뜻이기도 하다.

스프라이트도 성능을 저하시킬 가능성은 있다. 스프라이트 이미지에 포함된 여러 이미지 중에서 하나만 변경하더라도 스프라이트 파일 전체의 캐시가 중단되기 때문이다. 동시에 사용자는 필요 없는 바이트를 다시 내려받도록 강요받는다. 또한 사용자가 사이트를 둘러보는 동안 한번도 보지 않는 아이콘이 스프라이트에 포함되어 있다면 사용자는 아무 이유 없이 큰 파일을 다운받아 디코딩한 셈이 된다. 스프라이트를 생성하고 그 성능에 미치는 영향을 측정할 때 이러한 단점도 고려하자.

우리 팀은 26개의 썸네일 이미지가 10개의 슬롯에서 회전하는 부분이 포함된 테스트를 수행했다. 그리고 그 중 25개의 썸네일 이미지를 하나의 스프라이트로 합쳤는데, 그 결과 다음과 같은 변화가 있었다.

- 스프라이트로 다시 만들면서 추가된 CSS, 자바스크립트, 새로운 이미지로 인해 총 페이지 크기 60KB 증가
- 요청 횟수 21% 감소
- 페이지 로딩 시간 35% 감소

이 테스트의 결과에서도 알 수 있듯이 스프라이트는 페이지 로딩 시간을 최적화하기 위해 고려할 가치가 있다. 스프라이트가 사이트 전체 속도에도 같은 효과를 줄 것인지는 확신할 수 없지만 실험을 통해 배울 것이 있다는 점은 분명하다. 앞의 테스트 같은 성능 측정 방법은 6장에서 자세히 살펴본다.

CSS3

이미지 요청 횟수를 감소시키는 또 다른 대표적인 방법은 이미지를 CSS로 대체하는 것이다. CSS를 사용하면 도형, 그레이디언트, 애니메이션을 만들 수 있다. 특히 CSS3 그레이디언트는 다음과 같은 장점이 있다.

- 투명성을 제어할 수 있다.
- 배경 색상에 오버레이할 수 있다.
- 이미지 요청 횟수를 줄일 수 있다.
- 변경이 아주 쉽다.

CSS는 이미지를 대체하기에 적합하고 동시에 성능에도 도움이 되는 방법이다. CSS3 구문에 포함된 제조업체 접두사로 인해 페이지 크기가 늘어나는 것은 걱정하지 말자. 사이트에 gzip을 사용하면 CSS 코드는 알아서 최적화된다. 또한 더 많은 CSS를 로딩한다 치더라도 이미지 파일 요청보다 CCS 코드를 요청하는 것이 성능 면에서는 더 낫다. gzip을 이용한 최적화는 4장 '최소화와 gzip'에서 자세히 살펴보자.

단순하면서 반복되는 그레이디언트 이미지는 CSS로 대체할 수 있는 대표적인 예다. 간단하게 입맛대로 만든 CSS3 그레이디언트로 요청 횟수를 줄일 수 있다면 굳이 이미지를 사용할 필요가 있을까?

예를 들어 흰색으로 시작해 색이 옅어지면서 투명해지는 그레이디언트를 하나만 만들면 입체감을 주고 싶은 모든 요소에 반복해 쓸 수 있다. 바로 다음 세 개의 버튼에 적용해보자.

```
<a href="#">Click Me</a>
<a href="#" class="buy">Buy This</a>
<a href="#" class="info">More Info</a>
```

위 버튼들에 적용될 글꼴 및 간격 스타일이 이미 CSS로 있다면 입체감을 위한 그레이디언트를 추가하기 위해 다음처럼 몇 줄만 추가하면 된다.

```
a {
    background-image:
    linear-gradient(to bottom, #FFF, transparent);
    background-color: #DDD;
    border: 1px #DDD solid;
}
```

이 예에서는 월드 와이드 웹 컨소시엄(W3C: World Wide Web Consortium) 그레이디언트 구문만을 사용하고 있다. 호환성을 향상시키려면 파이어폭스나 인터넷 익스플로러 같은 다른 브라우저를 위한 구문을 추가해야 한다.

이 CSS를 통해 모든 링크들은 배경색이 회색이고 그 위에 배경 이미지로 CSS3 그레이디언트를 오버레이한다. 또한 각각의 링크가 1픽셀의 회색 테두리를 갖는다. 마지막으로 '지금 구매하기' 버튼을 초록색으로, '정보 더보기' 버튼을 파란색으로 만들기 위해 각 버튼의 배경 색상과 테두리 색상을 변경하자.

```
.buy {
    background-color: #C2E1A9;
    border-color: #D8E5CE;
}

.info {
    background-color: #AFCCD3;
    border-color: #DAE9EC;
}
```

최종적으로 만들어진 버튼들은 배경색 위에 그레이디언트 효과가 적용되었다(그림 3-19).

클릭하세요   지금 구매하기   정보 더 보기

그림 3-19 CSS3 그레이디언트 배경을 적용한 버튼

그레이디언트를 적용하면 이미지 요청 횟수를 줄일 수 있고, 이는 페이지 로딩 속도 개선에 긍정적인 효과가 있다. 또한 CSS 그레이디언트에서 제공하는 색상의 시작과 끝을 제어하는 방법을 이용해 꽤 놀라운 일을 할 수도 있다. 이번에는 CSS3 그레이디언트를 이용해 웹킷 브라우저용 육각형도 만들어보자. 한 개의 요소만 필요하므로 여기서는 div를 쓰겠다.

```
<div class="hexagon"></div>
```

웹킷 브라우저에서 위의 div를 화려한 육각형으로 바꾸는 CSS 코드는 다음과 같다.

```
.hexagon {
    width: 333px; height: 388px;
    background-image:
        -webkit-linear-gradient(120deg, #fff 83px, transparent 0,
            transparent 419px, #fff 0),
        -webkit-linear-gradient(-120deg, #fff 83px, transparent 0,
            transparent 419px, #fff 0),
        -webkit-linear-gradient(160deg, transparent 345px, #1e934f 0),
        -webkit-linear-gradient(140deg, transparent 376px, #1e934f 0),
        -webkit-linear-gradient(120deg, transparent 254px, #085b25 0),
        -webkit-linear-gradient(150deg, #053b17 183px, transparent 0),
        -webkit-linear-gradient(80deg, transparent 96px, #085b25 0);
    background-color: #053b17;
}
```

그림 3-20은 크롬 브라우저에서 육각형이 어떻게 렌더링되는지 보여준다.

그림 3-20 CSS3만을 이용해 육각형을 만들었다. 오늘의 기하학(Geometry Daily) #286[12] 에서 영감을 얻었다.

CSS3 그레이디언트를 만들 때는 컬러질라(ColorZilla)의 그레이디언트 편집기[13] 같은 도구를 사용해보자. 색상과 그레이디언트의 방향, 지원하는 브라우저 종류 등을 바꿔가며 그레이디언트를 만들 수 있다. 여기서는 모든 브라우저를 지원하며 위에서 아래로 색이 변하는 그레이디언트를 만들어볼 것이다. 색은 밝은 녹색으로 시작해 중간에 짙은 녹색으로 바꾸자. 색상 간 부드러운 전환은 많이 보았으니 이번에는 갑자기 색이 바뀌도록 만들어보자.

먼저 요소의 background 또는 background-color 프로퍼티에 적용할 대체색부터 지정하자.

```
/ * 오래된 브라우저를 위해 대체색을 넣는다. * /
background: #7AC142;
```

12 http://geometrydaily.tumblr.com/post/33428364684/286-icosahedron-shaded-a-new-minimal
13 http://www.colorzilla.com/gradient-editor

그레이디언트가 적용되는 요소마다 배경색도 설정하길 추천한다. 배경색을 설정해 두면 CSS3 그레이디언트가 지원되지 않더라도 요소의 배경색과 글자색이 충분히 대비를 이뤄 사용자가 글자를 읽을 수 있다. 다 만든 후에는 모든 브라우저에서 그레이디언트가 예상대로 동작하며 텍스트를 읽을 수 있는지 꼭 확인하자.

더 많은 브라우저를 지원하기 위해 요소의 background 또는 background-image 속성에 다음의 CSS를 적용하는 것이 좋다.

```
/* 파이어폭스3.6+ */
-moz-linear-gradient(top, #e4f3d9 50%, #7ac142 0);

/* 크롬, 사파리4+ */
-webkit-gradient(linear, left top, left bottom,
    color-stop(0%,#e4f3d9), color-stop(50%,#e4f3d9),
    color-stop(51%,#7ac142));

/* 크롬10+, 사파리5.1+ */
-webkit-linear-gradient(top, #e4f3d9 50%, #7ac142 0);

/* 오페라 11.10+ */
-o-linear-gradient(top, #e4f3d9 50%, #7ac142 0);

/* 인터넷 익스플로러10+ */
-ms-linear-gradient(top, #e4f3d9 50%, #7ac142 0);

/* W3C */
linear-gradient(to bottom, #e4f3d9 50%, #7ac142 0);
```

위의 구문에서 밝은 녹색은 맨 위에서 시작해 요소의 50% 높이까지 같은 색을 계속 유지한다. 밝은 녹색에서 짙은 녹색으로 빠르게 전환되도록 하려면 많은 브라우저에서 지원되는 두 번째 정지 색상을 0으로 설정하면 된다. 이 속성을 0으로 하면 브라우저는 밝은 녹색이 끝나는 곳에서 바로 다음 색을 시작한다. 단, 구 버전의 크롬과 사파리에서도 원하는 대로 표시하려면 여러 정지 색상 및 백분율을 설정해야 한다.

그레이디언트를 만들면 그림 3-21처럼 표시된다.

그림 3-21 CSS3 그레이디언트

background vs. background-image

background-image 대신 background에 그레이디언트를 적용하면 무엇이 다를까? 사용자가 background에 그레이디언트를 선언하면 브라우저는 background-image로 적용되어야 한다고 스스로 판단한다. 그래서 그레이디언트가 보기 좋게 표현되고, 요소의 다른 background-color 선언에 영향을 받지 않는다. 그리고 background-image 선언은 background-color를 덮어쓴다. 반대로 그레이디언트를 background-image에 적용하고 나중에 background를 추가하는 일이 생기면 새로운 background 선언은 그레이디언트를 덮어쓰게 될 것이다.

오래된 인터넷 익스플로러에서 CSS3 그레이디언트를 지원하려면 요소에 필터 속성을 적용해야 한다. 그러나 필터 속성을 사용하면 특성상 부드러운 그레이디언트만 만들 수 있어서 두 녹색 사이의 색이 급전환되는 효과는 낼 수 없다.

```
/* 인터넷 익스플로러6-9 */
filter: progid:DXImageTransform.Microsoft.gradient(
    startColorstr='#e4f3d9',endColorstr='#7ac142', GradientType=0 );
```

사이트에 방문하는 사용자들의 트래픽을 분석하면, 번거롭더라도 브라우저 공급업체의 접두사를 붙여서 특정 브라우저 버전을 지원해야 할지 결정하는 데 도움이 된다.

앞서 소개한 CSS는 그레이디언트를 그리기 위해 W3C 표준만 사용했다. 나중에는 더 많은 브라우저 공급 업체가 CSS3 그레이디언트 구문에 합의해서 공급 업체의 기존 접두사들이 일관성 있게 정리되었으면 한다.

CSS3는 그레이디언트를 만드는 것 외에도, 강력한 이미지 교체 도구로 쓸 수 있다. 이는 '불러오는 중' 표시나 툴 팁, 그 밖의 여러 종류의 간단한 그래픽 작업에 유용하다. 인터넷에는 CSS만으로 만든 스피너[14]나 CSS만으로 만든 도형[15], CSS만으로 만든 패턴[16] 같이 참고할만한 예제가

---

14 http://dabblet.com/gist/7615212
15 https://css-tricks.com/examples/ShapesOfCSS
16 http://lea.verou.me/css3patterns

아주 많다.

앞에서 말했듯이 CSS3를 많이 사용하면 사용자에게 화면이 보이는 속도가 느려질 수 있다. 그러므로 여러분이 만든 CSS가 화면을 다시 그리는 데 부정적인 영향을 주지 않도록 주의해야 한다. 화면을 갱신하는 것은 비용이 큰 작업이므로 잘못하면 쟁크(Jank)가 생길 수 있다. 특히 스크롤할 때 사용자 인터페이스가 느려지는 것을 발견했다면 CSS3나 자바스크립트로 인한 화면 갱신 문제가 있을 수도 있으므로 쟁크프리 (JankFree)[17] 같은 도구를 이용해 근본적인 원인을 찾아야 한다. 이 주제의 더 자세한 내용은 2장 '체감 성능'에서 다룬다.

데이터 URI와 베이스64로 인코딩한 이미지

매우 작고 단순한 이미지라면 데이터 URI로 바꾸는 것도 웹 페이지에서 요청 횟수를 줄이는 방법 중 하나다. 이를 위해 Base64 인코딩이라는 방법으로 이미지를 URI로 변환한다. 예를 들어 사이트 전반에서 여러 페이지에서 사용하는 작은 삼각형의 PNG-8 이미지가 있다고 가정하자 (그림 3-22).

◺

그림 3-22 PNG-8 포맷의 작은 삼각형

온라인의 Base64 인코더를 사용해 이미지를 대체 텍스트(데이터 URI)로 변환할 수 있다. 이미지를 업로드하면 CSS에서 사용할 수 있도록 데이터 URI를 반환한다. 삼각형 이미지를 Base64로 인코딩한 결과를 CSS 요소의 background-image에 지정하는 코드는 다음과 같다.

```
background-image: url(data:image/png;base64,iVBORw0KGgoAAAANSUh
    EUgAAAAoAAAAQCAAAAAAKFLGcAAAAVUlEQVR4AWM4/B8GGOyfw5m6UQimx3
    Y4c6PKTxjzUn4FnPmB7QaM+X+CDZz5P2E+nHlS6C2M+b86Ac78b3MYzlyq8
    hPG/J/fAmSegQC22wzhxlBQAQBbjnsWelX9QwAAAABJRU5ErkJggg==);
```

이미지를 Base64로 인코딩하면 이미지 HTTP 요청을 줄일 수 있어 성

능을 개선하는 데 도움이 된다. 또한 이 방법은 이미지를 보여주기 위해 HTTP 요청 결과를 기다리지 않고 즉시 보여줄 수 있다는 장점도 있다.

하지만 이미지를 코드 안에 넣으면 파일 캐싱을 할 수 없고 CSS 파일의 크기도 증가한다. 더불어 데이터 URI의 길이에 따라 때로는 파일 크기가 눈에 띄게 커지기도 한다. 그러므로 실제로 성능에 이점이 있는지 확인하기 위해 이미지를 데이터 URI로 변경하기 전/후의 성능을 측정하도록 하자.

SVG

일부 아이콘과 이미지는 확장 가능한 벡터 그래픽(SVG)으로 쉽게 교체할 수도 있다. 단일 색상이나 그레이디언트 이미지, 투명한 이미지, 혹은 일부만 상세히 표현된 그래픽이라면 SVG로 내보내는 것을 고려해보자. SVG에서는 경로, 모양, 글꼴, 색상 같은 이미지의 기본 속성을 정의하기 위해 XML을 사용한다.

SVG의 주된 장점은 디스플레이 장치의 해상도에 관계없이 같은 품질로 이미지를 보여줄 수 있다는 점이다. 고해상도 디스플레이를 지원하기 위해 같은 이미지를 고해상도로 또 만드는 대신 SVG로 교체하면 된다. SVG는 비트맵 이미지와 달리 확대/축소가 가능한 벡터이기 때문에 화면에 표시되는 크기와 무관하다. 또한 이미지 파일을 인라인 SVG로 대체하면 브라우저가 서버에서 파일을 다운받기 위한 HTTP 요청을 줄일 수도 있다.

SVG는 인터넷 익스플로러 8 이하에서는 지원되지 않으며 안드로이드 2.x 기기에서도 동작하지 않는다. 하지만 모든 브라우저가 SVG 기능의 확인은 제대로 수행하므로 이를 이용하면 SVG 이미지 대신 PNG를 사용할 수도 있다. 예를 들어 Grunticon[18]에 SVG 파일들을 업로드하면 SVG를 배경 이미지로 적용하는 CSS를 생성해줄 뿐 아니라 SVG가 지원되지 않는 경우를 대비한 PNG 이미지와 CSS도 함께 넣어준다.

어도비 일러스트레이터를 사용하여 SVG 이미지를 만들려면 [파일]

---

18 https://github.com/filamentgroup/grunticon

-[다른 이름으로 저장]을 선택한 후 파일 포맷에서 'SVG'를 선택하면 된다. 이렇게 하면 텍스트 편집기를 사용하여 편집할 수 있는 새로운 SVG 파일이 만들어진다. 그림 3-23과 같은 내보내기 옵션들도 제공된다.

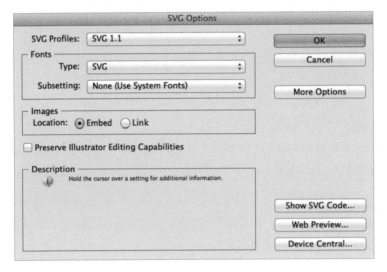

그림 3-23 SVG 내보내기 옵션들

품질 손상 없이 간단하면서 작은 SVG 파일을 만들고 싶다면 다음 설정을 선택하자.

- SVG 프로필: SVG 1.1이 가장 많이 사용되는 SVG 버전이다.
- 글꼴 종류: SVG
- 부가 설정: 없음(시스템 글꼴 사용)
- 이미지: 포함. 이 설정은 외부의 비트맵을 참조하지 않고 SVG 안에 비트맵을 포함하게 한다.
- 일러스트레이터 편집 기능 유지: 선택 취소. 사이트에서 SVG를 사용할 때는 이 기능이 필요하지 않다.

이 예제를 위해 어도비 일러스트레이터를 사용하여 별 모양 SVG 파일을 만들었다(그림 3-24).

그림 3-24 별 모양의 SVG 파일

이제 텍스트 편집기에서 SVG 파일을 열어 살펴보자. SVG 파일에서 그림을 표현하기 위해 필요한 것은 다음과 같은 몇 가지 XML 태그뿐이다.

```
<svg>
    <path/>
</svg>
```

그러나 일반 텍스트로 구성된 별 파일을 열어보면 어도비 일러스트레이터가 SVG 파일 안에 불필요한 코드를 꽤 많이 넣어둔 것을 알 수 있다.

```
<?xml version="1.0" encoding="utf-8"?>

<!-- Generator: Adobe Illustrator 15.0.2, SVG Export Plug-In .
  SVG Version: 6.00 Build 0) -->

<!DOCTYPE svg PUBLIC "-//W3C//DTD SVG 1.1//EN"
  "http://www.w3.org/Graphics/SVG/1.1/DTD/svg11.dtd">

<svg version="1.1" xmlns="http://www.w3.org/2000/svg"
  xmlns:xlink="http://www.w3.org/1999/xlink" x="0px" y="0px"
  width="20px" height="20px" viewBox="0 0 20 20"
  enable-background="new 0 0 20 20" xml:space="preserve">

<polygon fill="#FFFFFF" stroke="#000000" stroke-miterlimit="10"
  points="10,2.003 11.985,8.112 18.407,8.112 13.212,11.887
  15.196,17.996 10,14.221 4.803,17.996 6.789,11.887 1.592, 8.112
  8.015,8.112 "/>

</svg>
```

일러스트에서 내보내기를 한 SVG에서 다음 구성요소들은 마음 편히 제거해도 된다. 이는 브라우저가 SVG 파일을 보여주는 데 아무런 영향을 미치지 않으므로 성능을 위해 가능한 파일 크기를 가장 작게 만들어야 할 때 최적화할 수 있는 부분이다.

- `<!DOCTYPE>`... 줄

- `<!-- Generator: Adobe Illustrator`... 코멘트

- `<?xml`.. 선언

Scour[19]나 SVGO[20] 같은 도구를 사용하여 SVG 파일 정리를 자동화할 수도 있다. 정리할 때는 원본이 아닌 사본 SVG 파일을 이용해 시도하자.

사이트에 SVG 이미지를 적용하는 방법은 몇 가지가 있는데 먼저 이미지 태그의 소스 속성에 바로 적용하는 방법이 있다.

```
<img src="star.svg" width="83" />
```

SVG는 미리 설정된 폭에 알맞게 스스로를 맞추어 확장한다. 그래서 HTML 문서에 직접 SVG를 넣지 않고 CSS를 사용하여 요소의 배경으로 적용할 수도 있다.

```
.star {
    background: url(star.svg);
    display: block;
    width: 83px;
    height: 83px;
    background-size: 83px 83px;
}
```

그리고 HTML에 인라인 코드로 SVG를 넣을 수도 있다.

```
<body>

  <svg version="1.1" xmlns="http://www.w3.org/2000/svg"
    xmlns:xlink="http://www.w3.org/1999/xlink" x="0px" y="0px"
    width="20px" height="20px" viewBox="0 0 20 20"
    enable-background="new 0 0 20 20" xml:space="preserve">

  <polygon fill="#FFFFFF" stroke="#000000" stroke-miterlimit="10"
    points="10,2.003 11.985,8.112 18.407,8.112 13.212,11.887
    15.196,17.996 10,14.221 4.803,17.996 6.789,11.887 1.592, 8.112
    8.015,8.112 "/>

  </svg>

</body>
```

보통 사이트에서 SVG 이미지를 사용할 때 CSS 또는 이미지 태그를 통해 적용하기보다는 아이콘 글꼴과 SVG 이미지를 결합하는 방법을 많이

---

19 http://codedread.com/scour
20 https://github.com/svg/svgo

쓴다. IcoMoon[21]과 같은 도구는 자신의 SVG 이미지들로 구성된 사용자 지정 글꼴을 만들 수 있게 도와준다. 그러나 모든 브라우저에서 아이콘 글꼴을 지원하는 것이 아니기 때문에 아이콘 글꼴이 지원되지 않는 경우 대체할 이미지를 만드는 것이 훨씬 어려울 수도 있다. 게다가 아이콘을 사용하는 과정에서 요소에 적용되는 line-height와 font-size 같은 스타일로 인해 코드는 복잡해지고 동시에 접근성까지 나쁘게 만들 수도 있다.[22]

글꼴을 이용해 아이콘의 색깔을 바꾸는 것은 매우 쉽다. CSS를 이용한 색상 적용만 하면 된다. 그러나 개별 SVG 이미지를 이용하면 더 쉽게 할 수 있으며 CSS의 fill 속성을 사용하여 인라인 SVG의 색상을 제어할 수도 있다.

SVG는 오래된 브라우저에서는 지원되지 않는다. 하지만 고해상도 디스플레이를 지원한다는 장점이 있다. 또한 오래된 브라우저에서도 SVG를 사용자에게 올바르게 표시할 수 있게 도와주는 Grumpicon[23]이나 Modernizr[24]같은 사용하기 편리한 도구들이 있으니 사이트 성능 개선을 위해 이미지를 SVG로 교체하는 것도 생각해보자. SVG 파일을 추가적으로 최적화하고 싶다면 SVG 최적화[25]처럼 SVG 안의 숫자를 단순화하고 불필요한 문자를 제거하는 도구를 사용하자.

이미지를 인라인 SVG로 교체하는 것은 이미지를 데이터 URI로 교체하는 것처럼 HTML 파일 크기가 커지게 하고 이미지 파일을 캐싱할 기회를 없애버리는 단점이 있다. SVG 버전으로 이미지를 변경했다면 사이트에 반영하기 전 이미지 교체가 사이트의 성능에 미치는 영향을 꼭 측정하자.

---

21 http://icomoon.io
22 https://www.filamentgroup.com/lab/bulletproof_icon_fonts.html
23 http://www.grumpicon.com
24 http://modernizr.com
25 http://petercollingridge.appspot.com/svg_optimiser

이미지 최적화를 위한 계획 수립과 수행

설계 단계부터 세심하게 계획을 해야 사이트 이미지들을 효율적으로 만들 수 있다. 여러분이 사이트 전반에 걸쳐 어떤 이미지가 어디서 어떻게 사용될지 안다면 투명도, 크기, 그레이디언트 같은 것부터 이미지 요청의 총 횟수를 줄일 방법까지 모든 계획을 세울 수 있을 것이다.

사이트가 발전하거나 이미지 생성과 업데이트에 관여하는 디자이너의 수가 늘어나면 이미지 디렉터리는 통제 불능 수준으로 커질 수 있다. 이 상황을 피하기 위해 사이트에 사용된 이미지의 숫자와 파일 크기를 최적의 수준으로 관리하고 이미지 폴더를 정기적으로 검사해야 한다. 더불어 페이지 크기를 확인하고 스타일 가이드를 만들고 다른 이미지 제작자가 처음부터 최적화된 이미지를 만들도록 멘토링하는 일이 필요하다.

정기 검사 일정 잡기

여러분은 사이트 내에 재사용하거나 다른 이미지 포맷으로 다시 내보내기해야 하는 작업이 필요한 이미지가 있는지 찾기 위해 정기 검사 일정을 잡는 것이 좋다. 사이트 디자인에 사용되는 이미지가 저장된 폴더를 살펴보면서 스스로에게 다음과 같은 질문을 던져보자.

- 스프라이트가 최근에 업데이트된 적이 있는가? 사용하지 않는 아이콘이 아직도 스프라이트에 포함되어 있지는 않은가? 혹은 성능 개선을 위해 스프라이트에 포함해야 할 아이콘이 있는가?
- 새로운 브라우저 기술이 등장했거나 주 사용자층이 최신 브라우저를 사용하기 시작하면서 이미지를 CSS3나 SVG, 혹은 새로운 기술로 대체할 수 있게 된 것이 있지는 않은가?
- 최근에 수행한 검사 이후 새로 추가된 이미지들이 모두 가장 이상적인 이미지 포맷으로 내보내기가 되었는가? 새로 추가한 이미지들은 최대한 단순하게 만들었는가? 추가적인 압축 도구를 모두 거쳤는가?
- 화면에 보이는 이미지 크기와 저장된 크기를 정확히 맞추었는가? 혹

시 보이는 것보다 크게 내보내기를 해서 적당한 크기로 다시 내보내기해야 하는 이미지가 있지는 않은가?

비슷한 방법으로, 정기적으로 사이트의 페이지 크기도 확인하자. 총 페이지 크기를 확인할 때는 특히 이미지가 총 페이지 크기의 몇 퍼센트를 차지하는지 확인해야 한다. 페이지 크기가 많이 증가했다면 이유를 찾아보거나 다른 곳에서 파일 크기를 줄일 수는 없는지 찾아보자. 6장에서는 페이지 크기를 반복적으로 측정하는 방법을 비롯한 다양한 성능 측정 방법을 다룬다.

스타일 가이드 만들기

사이트 전반에 걸쳐 이미지가 어떻게 사용되는지 설명하는 참고문헌이라 생각하며 스타일 가이드를 만들자. 특히 아이콘과 스프라이트의 의미를 설명하고 다음의 내용도 포함해야 한다.

- 다른 아이콘을 보여주기 위해 HTML에 어떤 클래스를 적용해야 할지 쉽게 찾는 방법
- 캐싱된 기존의 이미지를 재사용할 수 있도록 아이콘 사용 방법과 의미를 정의해서 디자이너와 개발자가 페이지 전반에 걸쳐 일관성 있는 사용자 경험을 만들 수 있게 해주는 가이드
- CSS 그레이디언트를 포함해 사이트의 성능을 향상시킬 수 있는 다양한 기술 예제. 이렇게 하면 다른 사람들이 각자의 방법으로 CSS 파일을 만드는 것을 예방할 수 있다.
- 어떤 브라우저를 지원할 것인가에 대한 확실한 가이드. 그래야 디자이너와 개발자들이 CSS에 어떤 구문을 포함시키고 테스트할 것인지 명확하게 알 수 있다.

잘 만든 스타일 가이드는 단순한 이미지 문서를 넘어 페이지 로딩 시간 단축에 긍정적인 영향을 준다. 스타일 가이드의 어떤 점이 그렇게 유용한지, 더불어 무엇을 추가할 수 있는지는 4장 '스타일 가이드'에서 살펴본다.

다른 이미지 제작자 멘토링하기

때에 따라 여러분 외에도 사이트의 이미지를 만들거나 업데이트하는 사람이 추가로 있을 것이다. 지금까지 설명한 기술을 이해하는 디자이너나 개발자가 있을 수도 있고, 이미지를 만드는 것조차 생소한 콘텐츠 제작자도 있을 것이다.

따라서 이미지가 사이트에 나타나는 방법에 관하여 잘 정의한 워크플로가 있어야 한다. 만약 디자이너나 개발자가 이미지를 추가할 책임이 있다면 그들이 화질과 성능 사이의 균형점을 찾기 위한 품질 테스트와 추가적인 압축 과정을 업무의 일부로 두고 수행하고 있는지 확인해야 한다. 가능하면 이미지 최적화를 자동화하여 이미지 제작자들이 업무 과정에서 새로운 부담을 느끼지 않도록 하자.

사이트와 관련 있는 모든 사람들과 최적화 지식을 공유해서 혼자서 성능 경찰이나 문지기 역할을 맡지 않도록 하는 것이 중요하다. 관계자 모두가 자신이 페이지 로딩 시간에 영향을 미칠 수 있다는 것을 이해한다면 여러분의 스트레스와 이미지 크기를 줄이기 위한 내보내기(Export) 횟수는 줄어들 것이다. 8장에서는 다른 사람들의 자발적 참여를 통해 최고의 성능을 얻는 방법을 다룬다.

다시 말하지만, 이미지 최적화는 사이트의 성능을 개선할 수 있는 방법 중 가장 효과적인 방법이다. 사이트를 둘러보며 다음 질문에 스스로 답해보자.

- 이미지 파일 포맷을 변경하면 크기를 줄일 수 있는가?
- 사이트의 모든 이미지가 추가 압축 도구를 거쳐 재압축이 되었는가?
- 기존 이미지를 CSS3 그레이디언트, 데이터 URI, SVG 파일, 스프라이트 이미지 등으로 교체하는 게 더 낫지 않은가?
- 이미지에 불필요한 노이즈나 입자가 있지는 않은가? 혹시 이미지에 사용된 색상 수를 줄일 수 있는 다른 방법은 없는가?
- 사이트에 새로 추가된 이미지가 최적화되었는지 확인했는가?

이미지를 만들 때마다 여러분은 화질과 성능 사이의 균형을 맞추는 데 집중해야 한다. 7장에서는 그 균형을 찾는 방법을 다룬다. 물론 더 좋은 이미지 품질을 위해 같은 이미지를 좀 더 크게 내보내기해야 할 때도 있을 것이다. 어떤 경우에는 이미지를 새로 만들지 않고도 색상과 아이콘의 코드만 약간 변경해 페이지 속도를 꽤 줄일 수도 있다. 중요한 것은 이미지를 만들 때 여러분이 앞에서 설명한 내용들을 이해하고 필요에 따라 선택할 수 있어야 한다는 것이다.

다음 장에서는 HTML과 CSS 파일 최적화에 대해 다룰 것이다. 이미지 최적화와 마찬가지로 마크업 파일의 크기 변화와 브라우저의 마크업 렌더링 과정을 주의 깊게 관찰하는 것은 페이지 로딩 시간을 최적화하는 데 꼭 필요한 일이다. 여러분은 문서화와 디자인 패턴의 재사용, 자원 로딩 과정의 최적화를 통해 HTML과 CSS를 정리할 수 있다. 일단 HTML과 CSS를 잘 청소해 두면 스타일시트의 이미지도 깨끗하게 유지된다. 만약 여러분이 디자이너라면 여러분은 사이트의 성능을 높이거나 수정이 쉽도록 정리하여 재사용이 가능한 마크업을 생성할 수 있는 독보적인 위치에 있는 사람이라는 것을 기억하자.

4장

D e s i g n i n g   f o r   **P e r f o r m a n c e**

마크업과 스타일 최적화

사이트 페이지 크기는 이미지가 대부분을 차지하기 때문에 이미지 자체만이 아니라 이 이미지들을 로딩하고 화면에 보여주는 HTML과 CSS도 총 페이지 로딩 시간에 영향을 미치게 된다. 따라서 여러분이 어떻게 구조를 잡고 마크업의 이름을 짓느냐에 따라 사이트의 지속적인 유지보수와 높은 성능을 유지할 수 있는지의 여부가 결정된다. CSS와 디자인 패턴을 만들 때 목표를 가지고 만들어야 룩앤필 뒤에 가려진 재사용성과 각 요소들의 역할에 집중할 수 있으며, HTML과 CSS를 간결하고 의미 있게 만들면 이는 곧바로 사이트의 빠른 로딩과 전반적으로 더 나은 사용자 경험으로 나타날 것이다. 이번 장에서는 사이트에서 HTML, CSS, 글꼴, 자바스크립트를 사용하는 모범 사례를 살펴보자.

HTML 청소하기

깔끔한 HTML은 고성능 사이트의 기본 요소다. 여러 디자이너나 개발자의 손을 거쳐가며 마크업이 수정되거나 추가된 오래된 사이트뿐 아니라 새로 만든 사이트도 정리하는 것이 좋다. 일반적으로 코드를 정리할 때에는 코드 사이에 포함된 스타일이나 불필요하거나 사용하지 않는 요소, 이름이 잘못된 클래스나 아이디를 찾아서 정리한다.

마크업 및 스타일 청소만으로도 사이트의 페이지 로딩 시간을 반으로 줄일 수 있다는 사실을 1장에서 언급했다. 그때 이미지 파일 자체보다는 비대한 HTML과 CSS를 줄이는 데 초점을 맞추었는데, 그 결과 HTML, CSS, 스타일시트 이미지 파일의 용량을 줄일 수 있었다.

사이트의 HTML을 확인할 때는 다음의 항목들을 살펴보자.

- 스타일시트로 옮길 필요가 있는 내장 스타일이나 코드 사이에 포함된 스타일
- 특별한 스타일 적용이 필요하지 않은 요소(흔히 디비티스(divitis)라고도 하는 불필요한 HTML 요소)
- 오래되고 주석으로 처리되어 제거할 수 있는 코드

사이트가 여러 디자이너와 개발자의 손을 거치다보면 사용하지 않거나 불필요한 마크업이 남아 있을 수 있다. 오래된 사이트일수록 테이블을 레이아웃으로 사용하는 등의 낡은 기술을 정리하지 않거나 개선된 모범 사례로 바꾸지 않고 내버려두는 경향이 있기 때문이다. 불필요하거나 오래된 HTML은 가차 없이 제거해야 한다. 불필요하거나 복잡한 마크업을 계속 두어야 하는 '만약'이란 상황은 거의 없다. 일단 없애고 나중에 다시 필요할 때 형상 관리 도구를 이용해 다시 살려낼 수 있다는 사실만 기억하면 충분하다.

디비티스

디비티스(divitis)란 콘텐츠에 스타일을 적용하는 것처럼 사소한 이유로 HTML 내에 과하게 많은 요소가 사용된 상태를 말한다. 요소의 역할이나 문맥을 표현하기 위해 div 요소를 사용할 때 종종 발생하기 때문에 디비티스라고 부르지만 사실 디비티스는 HTML 요소의 종류에 관계없이 발생할 수 있다.

```
<div>
    <div>
        <header>
            <div id="header">
```

```
        <h1><span>사이트 이름</span></h1>
      </div>
    </header>
  </div>
</div>
```

앞의 예를 보면 div 요소가 왜 여러 개 쓰여야 하는지 이유가 분명하지 않다. span 안에 스타일을 적용하기 위한 것일 수도 있고 혹은 div 요소들이 페이지의 구조상 의미가 있는 것일 수도 있다. 하지만 보통은 무언가 잘못되었고 마크업을 점검해야 한다는 신호인 경우가 많다. 보통 디비티스는 코드를 만드는 사람이 스타일의 계단식 표현을 제어하지 못하고 룩앤필을 덮어쓰기 위해 수정하고자 하는 대상에 CSS와 함께 부모 요소를 추가했을 때 나타난다.

일반적으로는 마크업에 디비티스가 있어서는 안 된다. 디비티스는 HTML과 CSS 모두를 쓸데 없이 비대하게 만든다. 불필요한 요소를 제거해 사이트를 훨씬 더 간단한 계층구조로 만들어야 한다. 가능하면 HTML5 요소(header나 article 같은)를 사용하여 문맥 기반의 계층구조를 만들자. 그렇게 하면 CSS를 어떻게 작성할지 더 쉽게 알 수 있고, 동시에 재사용 가능한 디자인 패턴을 만들 기회도 얻을 수 있다.

디비티스를 제거하기 위해 비대해진 부분의 요소에 적용된 스타일을 한번 살펴보자. 더 나은 HTML 계층구조를 만들기 위해 스타일 선언을 합친 후 문맥 기반의 HTML 요소에 적용할 수는 없는지 살펴보자. 예를 들어

```
<header>
    <h1>사이트 이름</h1>
</header>
```

이와 같은 코드를 다음과 같이 단순하게 만들 수 있다.

```
<h1>사이트 이름</h1>
```

때때로 어떤 요소는 레이아웃과 문맥 기반의 구조를 위해 유지해야 할 필요가 있다. 앞의 예제에서는 header 요소가 이에 해당한다. 그러나 대개는 유지할 필요가 없으므로 페이지의 요소를 조사해 숫자를 줄이다

보면 놀라운 결과를 얻을 수 있다. HTML5와 CSS의 견고하고 가벼워진 HTML 계층구조 덕분에 여러분이 할 수 있는 것이 많아질 것이다.

문맥 기반

문맥 기반의 요소 이름들은 요소 안의 콘텐츠 종류를 보여준다. 문맥 기반 요소의 적당한 예로는 header, nav와 같은 대표적인 HTML5 요소나 login, breadcrumbs와 같은 class 또는 ID 이름이 있다. 이때 left, blue 처럼 콘텐츠의 룩앤필을 의미하는, 문맥과 관계없는 이름보다 콘텐츠의 의미가 담긴 이름을 사용하면 좋다.

요소의 이름을 문맥에 맞게 바꾸는 것은 사이트를 더 나은 HTML 구조로 만드는 데 도움이 될 뿐 아니라 사이트 전반에 걸쳐 재사용이 가능한 디자인 패턴을 만들 수 있게 한다. 이번에는 디비티스가 발생한, 문맥 기반이 아닌 HTML 구조가 있다고 가정해보자.

```html
<div class="right">
    <div id="form">
        <form>
            <p class="heading">Login</p>
            <p>
                <label for="username">Username:</label>
                <input type="text" id="username" />
            </p>
            <p>
                <label for="password">Password:</label>
                <input type="text" id="password" />
            </p>
            <input type="submit" value="Submit" />
        </form>
    </div>
</div>
```

측면 메뉴와 로그인 폼의 스타일은 다음과 같다.

```css
form {
    background: #ccc;
}

.right {
    float: right;
    width: 200px;
}
```

```
#form form {
    border: 1px #ccc solid;
    background: yellow;
    padding: 10px;
}

.heading {
    font-weight: bold;
    font-size: 20px;
}
```

이 예제에서 현재 사용되는 요소들의 이름에는 특별한 의미가 없다. 그래서 스타일시트의 .right라는 이름의 스타일은 다른 누군가가 덮어쓰기도 쉽다. 게다가 같은 클래스 이름을 사용하는 다른 요소에 영향을 주는 것을 깨닫지 못할 것이다.

또한 스타일들이 사이트에 걸쳐 재사용할 수 있는 디자인 패턴인지도 분명치 않다. 앞의 CSS를 보면 #form의 배경을 설정한 후 다시 로그인 폼에서 이를 덮어쓴다. 로그인 폼 부분이 눈에 잘 띄게 하고 싶었지만 이미 덮어쓴 후라서 이는 무시될 것이다. 이름을 바꾸고 구조를 새로 잡아 문맥 기반의 코드를 만들면 더 이해하기 쉬운 CSS와 디자인 패턴을 만들 수 있을 것이다.

```
<div class="sidebar">
    <form id="login">
        <h2>Login</h2>
        <ul>
            <li>
                <label for="username">Username:</label>
                <input type="text" id="username" />
            </li>
            <li>
                <label for="password">Password:</label>
                <input type="text" id="password" />
            </li>
            <li><input type="submit" value="Submit" /></li>
        </ul>
    </form>
</div>
```

이번에는 코드의 구조를 변경하고 이름을 바꾸어 문맥 기반의 구조를 갖도록 했다. 이를 통해 측면 메뉴와 명확하고 고유한 폼 이름, 폼 요소들을 하나로 묶는 비정렬 목록이 생겼다. 이제 CSS 부분만 약간 변경하면 전반적으로 코드가 더 깨끗해질 것이다.

```
form {
    background: #ccc;
}

form ul {
    list-style-type: none;
    padding: 0;
}

h2 {
    font-weight: bold;
    font-size: 20px;
}

.sidebar {
    float: right;
    width: 200px;
}

#login {
    border: 1px #ccc solid;
    background: yellow;
    padding: 10px;
}
```

코드를 보면 사이트의 표준 폼 안에 있는 비정렬 목록의 요소들에 일괄적으로 스타일을 적용하는 것이 더 쉬워진 것을 알 수 있다. 마찬가지로 로그인 폼 안의 헤더(앞의 예제에서 h2)는 페이지 내의 다른 비슷한 헤더들과 같은 스타일이 되었다. 이제 스타일시트를 나중에 수정하게 되더라도 .sidebar는 덮어씌워질 가능성이 낮아졌으며, #login은 자기만의 독특한 스타일을 유지할 수 있을 것이다. 처음의 CSS 파일에 몇 줄이 더 추가되긴 했지만, 대신에 헤더처럼 보이도록 폼과 단락의 스타일을 추가했던 코드가 제거되면서 CSS 파일의 나머지 부분이 정리되었다.

　문맥 기반으로 이름을 지으면 시간이 지나도 HTML과 CSS 코드를 읽거나 테스트하거나 수정하기 쉽게 코드가 유지된다. 그리고 HTML과 CSS를 문맥 기반의 구조로 정리하면 파일의 크기는 더 작아진다. 파일 크기가 작으면 페이지 로딩 시간이 줄어드는 효과가 있으며 장기적으로 사이트의 페이지가 비대해지는 위험도 줄일 수 있다. 이처럼 문맥 기반의 이름은 무엇을 위한 코드인지 명확히 보여주고, 문맥 기반의 구조는 디자인과 스타일을 재사용할 수 있게 해주며 더 나은 사용자 경험을 사용자에게 제공할 수 있게 해준다.

접근성

간결한 HTML은 문맥 기반 마크업의 성능, 편집 용이성과 더불어 사이트의 접근성에 도움이 된다. 문맥 기반의 HTML은 브라우저나 검색엔진, 스크린 리더가 이해하기 좋은 콘텐츠 계층구조를 제공한다. HTML5의 새로운 태그인 post, aside 같은 것들과 headings, paragraphs, lists 같이 이미 있는 문맥 기반 구조의 태그를 이용하면 웹 콘텐츠에 더 용이하게 접근할 수 있다. 예를 들어 시각 장애인을 위한 검색엔진 봇이나 스크린 리더는 브라우저에 표시되는 CSS 스타일이나 자바스크립트 애니메이션, 사이트와 사용자 사이의 상호작용보다는 페이지의 HTML 콘텐츠를 사용하는 데 집중한다. 그러므로 문맥 기반의 HTML을 잘 활용하면 사용자들에게 더 의미 있는 경험을 제공할 수 있다.

웹 콘텐츠 접근성 지침(WCAG: Web Content Accessibility Guidelines)은 장애를 가진 사람들이 좀 더 쉽게 접근 가능한 웹사이트를 만드는 자세한 방법을 제공한다. 여러분이 깔끔한 문맥 기반의 HTML 계층구조를 만들었다면 이미 사이트의 접근성이 좋아진 것이라 생각하면 된다. 월드 와이드 웹 컨소시엄(W3C: World Wide Web Consortium)은 WCAG 요구사항을 이해하고 모두 충족하는지 확인할 수 있는 WCAG 2.0 체크리스트도 제공한다.[1]

프레임워크와 그리드

인터넷을 살펴보면 개발자나 디자이너가 사이트를 쉽게 만들 수 있도록 돕는 수많은 프레임워크와 그리드가 있다. CSS, HTML, 자바스크립트 기반의 사이트 설계를 도와주는 부트스트랩(Bootstrap), HTML5 보일러플레이트(HTML5 Boilerplate), 960 그리드(960 Grid) 등이 대표적이다. 그러나 프레임워크와 그리드를 사용하기 위해서는 학습하는 시간이 필요하다. 또 이런 프레임워크와 그리드는 보편적으로 사용자들이 원하는 (거의) 모든 기능을 지원하도록 설계되었기 때문에 여러분의 사이트에서는 불필요한 기능도 많이 포함되어 있을 것이다. 혹은 개발

---

1 http://www.w3.org/WAI/WCAG20/quickref

할 때에는 유용했지만 페이지 로딩 시간에는 방해가 되는 기능도 있을 수 있다. 그러므로 그리드나 프레임워크를 이용하여 사이트 구현을 시작한다면 어떤 기능이 얼마나 포함되었는지 확인해서 여러분의 사이트에는 불필요한 자원이나 마크업, 스타일이 포함되지 않도록 해야 한다.

다음은 HTML5 보일러플레이트 프레임워크에 포함된 스타일의 일부다. dfn이나 hr, mark 요소를 가진 사이트에는 유용한 스타일이지만 이런 요소를 사용하지 않는 사이트에서는 제거할 수 있는 코드들이다.

```
/**
 * 사파리 5와 크롬 브라우저에 없는 스타일
 */

dfn {
    font-style: italic;
}

/**
 * 파이어폭스와 다른 브라우저 사이의 차이점
 * 알려진 문제: IE 6/7에는 정규화가 없음
 */

hr {
    -moz-box-sizing: content-box;
    box-sizing: content-box;
    height: 0;
}

/**
 * IE 6/7/8/9에 없는 스타일
 */

mark {
    background: #ff0;
    color: #000;
}
```

만약 프레임워크를 꼭 사용하고 싶다면 최종 사용자에게 사이트를 공개하기 전에 불필요한 것들을 모두 정리하도록 하자. 그리드나 프레임워크는 우리가 지향하는 문맥 기반 구조를 제공하지 않는다는 점은 염두에 두어야 한다. 참고로 HTML5 보일러플레이트처럼 일부 그리드나 프레임워크는 빌드 옵션을 제공하니 이를 이용하는 것이 좋다(그림 4-1).

그럼 일단 사이트에 적합하다고 생각하여 프레임워크나 그리드를 이용하여 사이트를 구현했다면, 페이지의 이름이나 요소는 가능한 한 깨

끗하게 유지하자. 즉, 최종 사용자가 불필요한 스타일이나 마크업, 자바
스크립트를 다운받는 일이 없어야 한다.

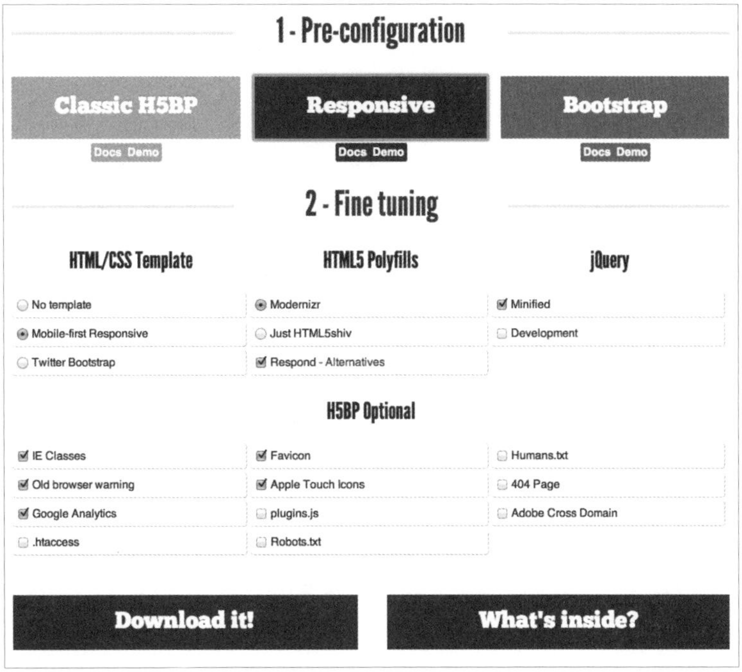

그림 4-1 일부 프레임워크는 이니셜라이저(http://www.initializr.com)에서 제공하는 HTML5 보일러플레이
트 사용자 정의 도구처럼 사이트를 구현하기 전에 사용자 정의 빌드 옵션을 제공하기도 한다. 마크업과 스타일,
스크립트 오버헤드를 줄이기 위해 이러한 최적화 방법을 활용하자.

CSS 정리하기

사이트의 레이아웃을 잡을 때에는 다방면으로 생각한 후 HTML 계층구
조를 만들어야 한다. 또 신중히 선택해 디자인을 해야 깔끔하고 편집이
용이하면서도 동시에 성능이 좋은 CSS를 만들 수 있다.

한편 사이트에 사용된 기존 CSS를 정리할 때에는 HTML 계층구조와
디자인 결정이 CSS에도 반영되고 있는지 확인하자. 주로 다음과 같은
부분을 살펴보면 된다.

- 문맥상 의미가 없는 요소 이름
- !important 선언
- 특정 브라우저에만 적용되는 기능
- 과도하게 사용된 셀렉터 특이성

먼저 CSS에서 사용하지 않는 요소, 합치거나 혹은 효율적으로 다시 만들 수 있는 스타일, 다양한 브라우저를 지원하기 위해 추가했던 오래된 기법들을 찾아 정리하자. 사이트가 오래될수록 정기적으로 CSS를 검토하고 페이지 로딩 시간을 개선하기 위해 새로운 기술이나 기법을 적용할 수 있어야 한다. 처음 사이트 설계 시 의도했던 계층구조와 목적을 디자인에 잘 반영할수록 CSS도 깔끔해질 것이다. 코드가 여러 사람의 손을 거치기 때문에 항상 유지보수 용이성과 사이트의 성능 유지를 위해 잘 정리해 두어야 한다.

사용하지 않는 스타일

기존 사이트가 있다면, CSS 정리 작업의 첫 번째는 당연히 사용하지 않는 스타일을 제거하는 것이다. 사이트가 오래될수록 스타일시트에서 자리만 차지할 뿐 사용하지 않는 스타일이 생긴다. 요소 혹은 사이트의 페이지가 삭제된 경우, 요소의 이름이나 디자인이 바뀐 경우나 더 이상 사용하지 않는 서드파티 위젯을 덮어쓴 경우 사용하지 않는 스타일이 생길 수 있다. 사용하지 않는 스타일이나 셀렉터라면 스타일시트에 유지시켜 사용자에게 다운받게 할 필요가 없다. 필요할 때는 버전 관리 시스템을 통해 예전에 구현했던 CSS를 다시 살펴보면 되기 때문이다.

제거할 수 있는 CSS를 찾는 일을 도와주는 다양한 도구들이 있다. 파이어폭스와 오페라 브라우저를 지원하는 플러그인인 더스트-미 셀렉터(Dust-Me Selectors)[2]는 웹사이트의 HTML에 포함되어 있는 사용하지 않는 셀렉터들을 검색해준다. 크롬 개발자 도구에는 웹 페이지 성능 검사를 하고 사용하지 않는 CSS 규칙을 보여주는 검사(Audits) 탭이 있다 (그림 4-2).

2   http://www.brothercake.com/dustmeselectors

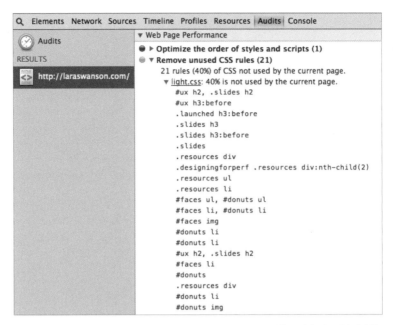

그림 4-2 크롬 개발자 도구를 이용해 어떤 페이지든 웹 페이지 성능 검사를 수행할 수 있다. 성능 검사 결과에는 사용하지 않는 CSS 규칙들도 포함되어 있으므로 쉽게 정리할 수 있다.

더스트-미 셀렉터는 사이트 내의 페이지를 놓치는 경우가 있다. 또한 크롬 개발자 도구는 현재 페이지의 CSS 셀렉터만 본다는 점을 주의하자 (같은 스타일시트를 호출한 다른 어떤 페이지도 호출하지 않는다). 주의사항을 고려하여 도구들을 사용하면 스타일시트 안에 포함된 셀렉터 중 정리 여부를 검토할 목록을 추릴 수 있다. 그 다음에 이렇게 추린 목록에 포함된 셀렉터만 삭제 테스트를 하면 된다.

스타일을 합치고 줄이기

사이트에 사용된 요소들의 스타일 중복이 없다는 것은 일관성 있게 스타일을 적용했는지를 알 수 있는 좋은 지표이다. 스타일시트를 둘러보면서 스타일을 합치거나 줄일 기회가 있는지 살펴보자. 이는 성능과 코드 유지보수 모두에 도움이 된다. 스타일이 비슷한 다음의 두 요소를 보자.

```
.recipe {
    background: #f5f5f5;
    border-top: 1px #ccc solid;
    padding: 10px;
    margin: 10px 0 0;
    font-size: 14px;
}

.comment {
    background: #f5f5f5;
    border-top: 1px #ccc solid;
    padding: 10px;
    margin: 9px 0 0;
    font-size: 13px;
}
```

두 요소에 적용된 스타일의 유일한 차이점은 .comment의 글자 크기
와 여백 선언이다. 이런 경우 두 스타일을 하나의 선언으로 합친 후
.comment의 다른 스타일만 따로 선언할 수 있다.

```
.recipe, .comment {
    background: #f5f5f5;
    border-top: 1px #ccc solid;
    padding: 10px;
    margin: 10px 0 0;
    font-size: 14px;
}

.comment {
    margin: 9px 0 0;
    font-size: 13px;
}
```

아니면 이렇게 수정하기 전에 스스로에게 질문을 던져볼 수도 있다. 왜
두 요소의 글꼴 크기와 여백 설정이 거의 같을까? .recipe와 .comment
안의 스타일을 합쳐 하나로 만들면 어떨까? 합칠 수 있다면 복잡성이
낮아져 유지보수가 쉬워질 뿐 아니라 CSS 파일의 코드 수도 줄어들 테
니 말이다!

```
.recipe, .comment {
    background: #f5f5f5;
    border-top: 1px #ccc solid;
    padding: 10px;
    margin: 10px 0 0;
    font-size: 13px;
}
```

자주 사용되는 디자인 패턴을 발견했다면 여러 클래스 이름을 쉼표로 이어서 쓰는 것보다 하나의 클래스로 합쳐 사이트 전체에 걸쳐 사용하면 좋다.

요소들 사이에 거의 비슷하면서 조금씩만 다른 스타일을 사용하게 되는 데에는 여러 가지 원인이 있다. 예를 들어 PSD 목업(mockup)을 이용해 픽셀 단위까지 맞춰 디자인을 했거나 같은 스타일을 사용하던 요소들 중 한 곳만 실수로 업데이트를 하게 되는 경우가 있다. 이런 경우 스타일시트 전반에 걸쳐 높이, 폭, 여백, 패딩 등 각 요소마다 픽셀 단위로 다르게 값이 정의된 것을 볼 수 있을 것이다. 이때 의도적으로 다르게 만든 것이 아니라면 이를 정규화할 수는 없는지 스스로에게 질문해 보자.

이번에는 앞에서처럼 정규화하거나 재사용할 수 있는 디자인 패턴으로 만들 수 있는지 찾아보자. 보통 합칠 수 있는 요소들은 서로 비슷한 룩앤필을 가지고 있으며, 한쪽 요소의 디자인이 바뀌면 다른 쪽도 바꾸는 경우가 많다. 이런 요소들을 찾으면 요소에 적용된 스타일을 모두 합치자. 그러면 다음에 또 디자인이 변경될 때 수정 시간을 절약할 수 있을 뿐 아니라 CSS 파일의 길이도 짧아져 페이지 로딩 시간 개선에 직접적인 도움이 된다.

또한 다른 사람들이 참고하기 쉽도록 여백 및 글꼴 크기에 대한 규칙을 정의하는 것도 좋다. 규칙을 쉽게 정의할 수 있는 최고의 방법은 사이트의 기본 글꼴 크기를 만들고 나머지 디자인을 이를 기반으로 표현하는 것이다. 예를 들어 기본 글꼴을 줄 간격 1.4em에 글꼴 14px로 잡으면 다른 것들도 이를 기반으로 상대적으로 표현할 수 있다.

- 헤더의 글자 크기는 기본 14px에서 비율로 조절한다.
- 마진과 패딩은 기본 1.4em에서 비율로 조절한다.
- 그리드를 직접 만들 때는 14px이나 1.4em을 기반으로 증가시킨다.

CSS는 축약 스타일 선언도 지원한다. 다양한 스타일 값과 배경색 선언을 한 줄로 줄일 수도 있다. 예를 들면 다음과 같다.

- background-clip
- background-color
- background-image
- background-origin
- background-position
- background-repeat
- background-size
- background-attachment

배경색을 지정할 때 여러분이 위 속성 중 하나나 여러 개, 혹은 전부를 사용할지도 모르겠다. 이와 같은 축약 선언은 CSS 내의 스타일을 합치거나 줄이는 데 도움을 준다. border와 padding 값만 다르고 나머지는 유사하게 스타일이 적용된 다음의 세 요소를 살펴보자.

```
.recipe {
    background: #f5f5f5;
    margin: 10px 0 0;
    border: 1px #ccc solid;
    padding: 10px 0;
}

.comment {
    background: #f5f5f5;
    margin: 10px 0 0;
    border: 1px #fff solid;
    padding: 10px 0 0;
}

aside {
    background: #f5f5f5;
    margin: 10px 0 0;
    border: 2px #ccc solid;
    padding: 10px 0;
}
```

이때 요소들 사이에 공통적인 스타일은 모아서 선언하고 차이점만 추가로 선언할 수 있다.

```
.recipe, .comment, aside {
    background: #f5f5f5;
    margin: 10px 0 0;
    border: 1px #ccc solid;
```

```
    padding: 10px 0;
}

.comment {
    border-color: #fff;
    padding-bottom: 0;
}

aside {
    border-width: 2px;
}
```

이제 CSS를 읽기가 더 쉬워졌다. 만약 .comment 클래스에 border-color 를 사용하지 않고 border 속성을 다시 정의했다면 공통으로 선언한 부분에서 무엇이 바뀐 것인지 알아보기 어려웠을 것이다. 이처럼 공통적으로 사용하는 스타일은 모아서 선언하고 각 요소마다 고유한 스타일만 각각 재선언하면 어느 부분이 다른지 쉽게 이해할 수 있는 동시에 CSS의 코드 라인 수를 줄여 페이지 로딩 속도 개선에 긍정적인 영향을 줄 수 있다.

때때로 요소의 이름을 바꾸는 것도 스타일을 합치거나 줄이는 데 도움이 된다. 비슷한 스타일을 요소에 선언한 예를 살펴보자.

```
h3 {
    color: #000;
    font-weight: bold;
    font-size: 1.4em;
    margin-bottom: 0.7em;
}

#subtitle {
    color: red;
    font-weight: bold;
    font-size: 1.4em;
    margin-bottom: 0.7em;
}

.note {
    color: #333;
    font-weight: bold;
    font-size: 1.4em;
    margin-bottom: 0.7em;
}

<h1>페이지 제목</h1>

<article>
    <h2>글 제목</h2>
```

```
        <div id="subtitle">글의 부제목</div>
        <p>...</p>
    </article>

    <aside>
        <div class="note">보조 설명</div>
        <p>...</p>
    </aside>

    <footer>
        <h3>푸터의 제목</h3>
    </footer>
```

이런 경우에 단순히 CSS만 정리할 것이 아니라 문맥 기반의 계층구조를 갖도록 HTML 요소의 이름을 바꾸는 것도 생각해볼 만하다. 결정은 여러분이 최선이라 생각하는 대로 하면 된다. 여기서는 .note, #subtitle, h3 모두 문맥상 페이지에서 세 번째 레벨에 속하므로 HTML의 이름을 <h3>으로 바꾸었다.

```
<h1>페이지 제목</h1>

<article>
    <h2>글 제목</h2>
    <h3>글의 부제목</h3>
    <p>...</p>
</article>

<aside>
    <h3>보조 설명</h3>
    <p>...</p>
</aside>

<footer>
    <h3>푸터의 제목</h3>
</footer>
```

이렇게 HTML 요소의 이름을 바꾸니 CSS 스타일도 h3 스타일 블록 하나만 필요해졌다. 추가로 article과 aisde 헤더 아래 h3 블록의 색을 바꾸는 것과 같은 특이사항도 표현할 수 있다.

```
h3 {
    color: #000;
    font-weight: bold;
    font-size: 1.4em;
    margin-bottom: 0.7em;
}
```

```
article h3 {
    color: red;
}

aside h3 {
    color: #333;
}
```

마지막으로 만약 LESS나 SASS와 같은 CSS 전처리기(preprocessor)를 사용할 때에도 CSS 파일 안에 디자인 패턴을 재사용할 기회나 스타일 코드를 합치거나 줄일 기회가 없는지 찾아보고 정리해야 한다. 계획과 목적이 분명하고 재사용이 가능한 디자인 패턴은 일반적인 경우뿐 아니라 전처리기를 사용해 CSS를 개발할 때에도 도움이 된다. 추가로 믹스-인(한 번만 정의한 후 재사용할 수 있는 스타일 블록)을 가능한 한 효율적으로 유지하는 데 초점을 두고 스타일시트의 결과물을 감시하자. 눈치 채지 못한 사이에 파일의 크기가 커질 수 있으므로 정기적으로 꾸준히 CSS의 효율을 확인하는 것이 좋다.

스타일시트 이미지 정리하기

앞서 이야기한 스타일을 합치거나 줄이는 작업을 한 후에는 스타일시트에서 사용하는 이미지들을 살펴봐야 한다. 이미지는 사이트 내 페이지 크기의 대부분을 차지하므로 스타일시트에서 사용되는 이미지의 숫자와 크기를 줄이면 사이트 페이지 로딩 시간을 줄이는 데 직접적인 영향을 준다.

첫 번째, 스프라이트로 만들 수 있는 이미지가 있는지 찾아보자. 혹시 사이트 전반에 걸쳐 사용되는 아이콘이나 작은 이미지가 많다면 콘텐츠의 요청 횟수를 최적화하는 데 스프라이트가 매우 유용할 것이다. 스프라이트가 성능 향상에 어떤 영향을 미치고 어떻게 구현되는 것인지 알고 싶다면 3장 '스프라이트'를 살펴보자.

두 번째, 사이트가 오래될수록 스프라이트도 오래되기 마련이다. 기존의 스프라이트에 오래되었거나 더 이상 사용하지 않는 이미지가 포함되어 있는지 확인해보자. 기존의 스프라이트를 살펴보면서 제거할 수 있는 부분이 있는지, 특정 부분을 사용하는 CSS를 정리할 수 있는지, 스프라이트를 정리한 후 더 적절한 파일 형식이나 더 높은 압축을 적용한 스프라이트를 다시 만들 수 있는지 찾으면 된다. 스프라이트가 깨끗할수록 페이지 로딩 시간은 줄어든다.

다음으로 스타일시트 내의 이미지를 CSS3 그레이디언트나 데이터 URI, SVG로 대체할 수 있는 곳이 있는지 찾아보자. 3장 'CSS3'에서 그레이디언트를 만드는 법을, 'SVG'에서는 고성능의 SVG를 만드는 법을 자세히 살펴보았다. CSS3 그레이디언트는 현재 CSS로 구현되는 모든 반복 배경 이미지를 대체하기에 좋다. CSS3 그레이디언트는 수정이 매우 쉬우며 스타일시트를 통해 재사용할 수도 있다. 게다가 이미지를 CSS3로 바꾸면 사이트 속도도 매우 빨라질 것이다. 마찬가지로 스타일시트 이미지를 SVG로 교체하는 것도 페이지 로딩 시간에 긍정적인 영향을 줄 수 있다. SVG 파일이 스타일시트 내의 고해상도와 일반 해상도를 위한 이미지 모두를 동시에 대체할 수 있기 때문이다.

새로운 아이콘이나 이미지가 사이트의 스타일시트에 추가될 때마다 그 의미나 목적이 사이트의 디자인 방향에 부합되는지 확인하자. 추가된 아이콘이나 이미지는 스타일 가이드로 문서화하여 다른 개발자와 디자이너가 어떤 아이콘이 사이트에 추가되었고 현재 어떻게 사용되는지 알 수 있게 한다. 종종 스타일시트 내 이미지가 소리소문없이 늘어나 있기도 한데, 이는 어떤 이미지가 이미 추가되었고 재사용할 수 있는지 공유되지 않았기 때문이다. 많은 사이트에서 하나의 스타일 규약을 고수하지 않고 여러 강조 방법과 다양한 아이콘으로 경고나 알림을 나타낸다. 만약 스타일시트에 재사용 가능한 디자인 패턴을 적용하려고 한다면 스타일시트 내에 사용되는 이미지 숫자가 몇 개이고 그 숫자들을 줄일 수는 없는지 먼저 고려해야 한다.

특이성 제거하기

CSS에서 특이성(specificity)이란 브라우저가 어떤 CSS 규칙을 적용할 것인지 결정하는 데 도움이 되도록 셀렉터를 작성하는 방법을 말한다. 셀렉터는 여러 가지가 있으며 각 셀렉터들은 자신만의 가중치가 있다.

특이성은 셀렉터를 기반으로 한 공식[3]에 의해 계산된다. 두 셀렉터가 같은 요소에 적용되면 가중치에 따라 더 높은 특이성을 가진 셀렉터가 선택되는 것이다.

간혹 CSS 파일에서 지나치게 특정화된 셀렉터를 볼 수 있다. 이는 디자이너나 개발자가 이전에 적용된 스타일에 덮어쓰기 위해 특정 셀렉터에 가중치를 더 주려고 할 때 주로 발생한다. 일단 다음 코드를 보자.

```
div#header #main ul li a.toggle { ... }
```

이 스타일시트를 작성한 사람은 왜 이 셀렉터들을 한 줄에 모두 추가한 걸까? 다음처럼 스타일을 단순하게 만드는 것은 불가능했을까?

```
.toggle { ... }
```

물론 스타일을 정확하게 설정하기 위해 모든 특이성이 필요했을 수도 있다. 그러나 이렇게 많은 특이성이 사용되었다는 것은 스타일시트나 HTML 계층구조에서 개선할 여지가 있다는 지표이기도 하다. 앞의 코드처럼 비효율적인 셀렉터는 보통 지나치게 특정화되어 버린 CSS를 덮어쓸 때 생기는 경우가 많으므로 이런 곳을 찾으면 정리할 곳이라고 생각하면 된다. 이런 코드는 여러 사람이 함께 사이트를 운영하는 큰 조직에서 자주 일어난다.

비효율적인 셀렉터가 본질적으로 성능에 나쁘다고 알려져 있지만 사용자가 고성능의 최신 브라우저를 사용한다면 이런 염려는 줄어든다. 하지만 셀렉터를 정리하는 것은 프론트엔드 아키텍처를 유지하는 데 여전히 유용하다.

CSS가 효율적일수록 성능은 좋아진다. 특이성을 줄이면 추가적인 가중치나 !important 규칙을 사용하는 대신 CSS의 계층구조를 이용해 자연스럽게 스타일을 덮어쓸 수 있다. 비효율적인 셀렉터와 !important 규칙은 CSS 파일의 크기가 커지게 하므로 가능하면 항상 작고 가벼운 셀렉터부터 만들고 거기에 특이성을 추가하는 게 좋다.

---

3 https://stuffandnonsense.co.uk/archives/css_specificity_wars.html

웹 글꼴 최적화

웹 글꼴은 사이트에 필요한 요청 횟수를 늘리고 페이지의 크기도 커지 게 한다. 글꼴은 아름다움과 페이지 속도 사이에서 저울질하게 하는 고 전적인 문제다. 글꼴을 가능한 한 효율적으로 사용하는 것이 중요하지 만 성능과 참여 지표로 사이트에 포함할 가치가 있는지 확인하는 것도 중요하다. 다음의 코드로 웹 글꼴을 로딩해 보자.

```
@font-face {
    font-family: '글꼴 이름';
        /* 익스플로러 9 호환성 보기 모드 */
    src: url('글꼴 이름.eot');
        /* 익스플로러 6~8 */
    src: url('글꼴 이름.eot?#iefix') format('embedded-opentype'),
        /* 최신 브라우저들 */
        url('글꼴 이름.woff') format('woff'),
        /* 사파리, 안드로이드 iOS */
        url('글꼴 이름.ttf') format('truetype');
}
```

WOFF(Web Open Font Format, 웹 오픈 글꼴 포맷)[4]의 지원이 늘어 나고 있으므로 사용자의 브라우저와 사이트가 어떤 브라우저를 지원 하는지에 따라 크롬 6+, 파이어폭스 3.6+, 인터넷 익스플로러 9+, 사파 리 5.1+에서 지원하는 @font-face같은 더 짧은 선언 방법도 사용할 수 있다.

```
@font-face {
    font-family: '글꼴 이름';
    src: url('글꼴 이름.woff') format('woff');
}
```

그런 다음 font-family를 사용하여 글꼴을 셀렉터에 적용하고 사용자 가 새로운 글꼴을 다운받지 못한 경우에 대비해 대체 글꼴도 포함한다.

```
body {
    font-family: '글꼴 이름', 대체 글꼴, sans-serif;
}
```

---

4   http://caniuse.com/#feat=woff

왜 대체 글꼴을 넣어야 하는가?

사이트 방문자 중에는 웹 글꼴을 지원하지 않는 브라우저를 사용하거나 웹 글꼴을 사용하지 않도록 설정한 사용자가 있을 것이다. 혹은 글꼴이 깨졌거나 브라우저가 글꼴을 찾지 못하는 경우도 있다. 사용자의 브라우저는 font-family 목록의 첫 번째 글꼴을 찾을 수 없을 때 순서대로 두 번째, 세 번째 글꼴 등을 찾으려 시도한다. 그러므로 대체 글꼴은 Georgia나 Arial처럼 플랫폼에 관계없이 사용할 수 있으면서 첫 번째 글꼴과 비슷하거나 sans-serif나 serif처럼 일반적인 글꼴을 사용해야 한다.

웹 글꼴의 파일 크기는 수 킬로바이트에서 200킬로바이트가 되는 것까지 다양하다. 여러분이 사용하고 있는 웹 글꼴 파일의 크기가 얼마인지 점검하고 다음의 방법을 통해 크기를 줄일 수는 없을지 확인해보자.

- 사이트 로고처럼 글꼴 중 일부 글자만 사용하는가? 아니면 모든 글자와 문장 부호를 사용하는가?
- 글꼴이 여러 언어를 지원하는가? 혹시 하나의 부분 집합(예: 한국어)으로 언어를 줄일 수 있는가?
- 불필요한 문자를 낱개로 제거할 수 있는가?

문자 부분 집합은 웹 글꼴 파일의 크기를 줄일 수 있는 가장 효과적인 방법이다. 구글이 하는 것과 같은 글꼴 호스팅 서비스를 통해 글꼴을 사용하고 있다면 특정 문자 집합만 로딩하도록 선택할 수 있다. 다음은 구글의 Philosopher 글꼴에서 키릴 문자 부분 집합을 로딩하는 예제다.

```
<link href="http://fonts.googleapis.com/css?family=Philosopher
 &subset=cyrillic" rel="stylesheet" />
```

구글 호스팅 글꼴에서 특정 문자만 로딩하려면 다음과 같이 하면 된다. 예를 들어 Philosopher 글꼴에서 H, o, w, d, y 문자를 로딩한다고 하자.

```
<link href="http://fonts.googleapis.com/css?family=Philosopher
 &text=Howdy" rel="stylesheet" />
```

구글에서 하는 것처럼 외부에서 호스팅하는 글꼴은 방문자가 다른 사이트를 통해 글꼴 캐싱을 받아서 이미 가지고 있다면 성능상 더 나을 수도 있다. 글꼴을 받은 적이 없는 일부 사용자는 글꼴을 처음 가져오는 과정에서 추가적인 DNS 조회, 외부 도메인에서 글꼴을 다운받는 과정이 필요하다. 이에 비해 자체 호스팅하는 글꼴은 별도의 DNS 조회가 필요하지 않지만 사용자가 처음 방문하는 경우라면 글꼴이 캐싱되지 않았을 것이다.

글꼴을 직접 호스팅할 때 얻을 수 있는 또 하나의 이점은 글꼴 파일을 입맛대로 바꿀 수 있다는 점이다. 여러분이 직접 웹 글꼴을 호스팅할 때 폰트 스쿼럴(Font Squirrel)의 웹 글꼴 생성기(Webfont Generator)[5]와 같은 도구를 사용하면 사용자 정의 문자 집합을 선택하여 글꼴 파일을 최적화할 수 있다(그림 4-3).

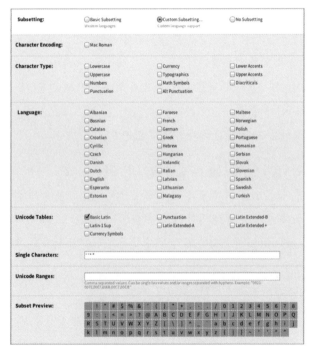

그림 4-3 폰트 스쿼럴의 웹 글꼴 생성기는 글꼴 파일에서 사용자 정의를 통해 하위 문자 집합을 선택할 수 있다. 이 예제에서는 기본 라틴 유니코드 테이블을 선택한 후 네 개의 단일 문자를 추가했다.

5 http://www.fontsquirrel.com/tools/webfont-generator

여러분은 어쩌면 여러 개의 웹 글꼴을 동시에 사용하고 싶을 수도 있다. 그런데 페이지에서 웹 글꼴을 사용할 때에는 몇 가지나 사용할 것인지 신중하게 판단해야 한다. 글꼴 파일을 많이 적용할수록 페이지는 무거워지고 요청 횟수는 늘어난다. 결국 이는 성능에 매우 부정적인 영향을 준다. 가능하면 적은 수의 대체 글꼴을 사용해 아름다움과 성능 사이에서 균형을 잡아야 한다(아름다움과 성능 사이에서 결정하는 방법과 결정을 위한 측정 방법은 7장에서 자세히 살펴볼 것이다).

웹 글꼴을 로딩할 때 쓸 수 있는 다른 최적화 방법은 화면이 클 때만 글꼴을 로딩하는 것이다. 이 방법은 스마트폰처럼 성능이 중요한 기기에서 글꼴 요청을 없애고 페이지 크기도 줄이는 효과를 낸다(자세한 내용은 1장 '모바일 네트워크'를 참고하자).

웹 글꼴은 다음처럼 미디어 쿼리를 사용하여 적용한다.

```
@media (min-width: 1000px) {
    body {
        font-family: '글꼴 이름', 대체 글꼴, sans-serif;
    }
}
```

여러분이 웹 글꼴을 사용할 때 가장 중요한 점은 신중해야 한다는 것이다. 같은 사이트에 작업하는 다른 사람들이 이미 사용하는 글꼴이라면 재사용하고, 사용하지 않는 글꼴이라면 추가하되 다른 사람들도 사용할 수 있도록 언제 어떻게 글꼴을 사용해야 하는지 문서화하자. 또한 특정 화면 크기는 특정 헤더 종류에서만 사용한다거나, 특정 텍스트 크기를 특별한 디자인 패턴에만 쓸 수 있도록 유보한다는 내용 등도 정확히 설명해 두자. 이는 같은 사이트에서 작업하는 디자이너와 개발자 교육에 도움이 될 뿐 아니라 사이트를 최대한 빠른 상태로 유지하는 데도 도움이 될 것이다. 스타일 가이드 작성이 성능에 미치는 긍정적 영향은 이번 장 '스타일 가이드'에서 자세히 다룬다.

재사용할 수 있는 마크업 만들기

재사용할 수 있는 마크업으로 만든 디자인 패턴은 사이트의 디자인이 변경되더라도 성능이 떨어지지 않도록 유지할 수 있는 중요한 열쇠다. 사이트의 계층구조, 레이아웃, 룩앤필을 결정할 때 페이지에서 로딩하는 자원을 검토하면서 사이트 전반에서 재사용되는 마크업을 만들 기회가 있을 것이다. 재사용할 수 있는 디자인 패턴이 있으면 개발 시간과 페이지 로딩 시간을 절약할 수 있다. 마크업을 재사용하면 다음과 같은 효과가 있다.

- 자원을 캐싱할 수 있는 기회 제공
- 디자이너나 개발자가 이미 있는 것을 또 만드는 일 방지
- 새로운 콘텐츠가 추가될 때 불필요한 자원 요청 제거
- 더 이상 필요하지 않은 스타일과 자원 분리

재사용할 수 있는 마크업을 만들기 위해 사이트 전반에 걸쳐 사용되는 색상은 정규화하자. 또한 스피너와 스프라이트 같이 재사용이 가능한 디자인 패턴은 문서화하고 글꼴과 같은 자원은 어떻게 구현하는지 정의하자. 그러면 여러분의 사이트가 오래되더라도 페이지 로딩 시간에 영향을 미치는 요소들을 사용할 때 현명한 결정을 할 수 있을 것이다.

색상 정규화를 예로 들어보자. 먼저 사이트의 CSS 파일을 검사해서 사용하는 색상 값을 모두 찾아보자. 얼마나 많은 종류의 회색 음영이 구현되어 있는가? 화면을 통해 사용자에게 경고를 표시할 때 경고의 색상은 일관성이 있는가? 아니면 빨간색이나 노란색의 음영이 여러 종류는 아닌가? 메인 사이트의 색상은 어떤가? 사이트 전체에 걸쳐 한 가지 색상이 반복되지는 않는가? 혹은 다양한 광원이나 테마로 가득 차 있지는 않은가?

사이트의 디자인 전반에 색상의 변화가 잦을수록 색상들의 매력은 감소할 것이고 스타일시트는 너저분해질 것이다. 색상을 한 곳에 모아 어떤 것을 줄일 수 있을지 확인해보자. 색상들을 지워가면서 어떤 색을

왜 써야 하는지 결정하자. 리스트 어파트 패턴 라이브러리(List Apart's pattern library)[6]는 특정 색상을 적용하는 방법을 설명하고 있어 참고할 만하다(그림 4-4).

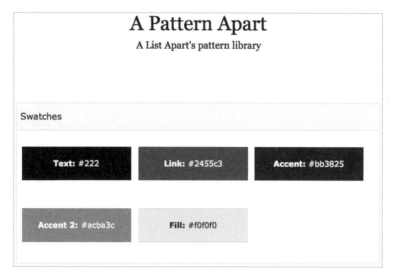

그림 4-4 리스트 어파트 패턴 라이브러리는 특정 색상을 적용하는 방법을 설명하고 있다.

예전에 필자가 황금색과 어두운 회색이 많이 적용된 사이트를 작업할 때 색상의 일관성 유지를 위해 스타일시트를 정리한 적이 있다. 먼저 짙은 노란색, 밝은 노란색, 빨간색 경고 메시지, '변경되었습니다'를 뜻하는 녹색 메시지 등 디자이너가 어떤 색상 코드를 사용해야 하는지를 문서화해 두었다. 또한 모든 회색들도 정리하고 어떤 값이 언제 사용되어야 하는지도 정리했다(예: 비활성화된 텍스트와 테두리는 #aaa, 배경은 #eee 등). 마지막으로 색상과 그 의미를 문서화하고 기존의 색상을 검토한 후 새롭게 정규화된 값들로 교체했다. 이 방법을 통해 재사용이 가능한 디자인 패턴들을 만들었고, 결과적으로 많은 스타일을 합치거나 줄일 수 있었다. 이러한 노력으로 메인 스타일시트의 파일 크기를 6% 줄였고, 향후 개발 및 유지보수에 들어갈 노력뿐만 아니라 페이지 로딩 시간도 줄일 수 있었다.

6 http://patterns.alistapart.com/

스타일 가이드

재사용할 수 있는 디자인 패턴을 만들어두면 무엇보다 편리하다. 디자인 패턴을 계속 재사용하기 위해서는 문서화가 중요하다. 스타일 가이드는 편집자나 개발자, 디자이너를 포함한 다양한 분야의 사람에게 훌륭한 자원이자 사이트의 디자인 및 개발 모범 사례를 담은 지침서가 된다.

스타일 가이드를 통해 코드를 구현하고 자원 요청을 만드는 최적의 방법을 소개하여 같은 사이트에서 작업하는 동료들에게 스타일 가이드가 사이트의 성능을 최대한 끌어내는 데 도움이 된다는 것을 확신시키자. 예를 들어 사이트 로고 이미지를 최대한 작게 최적화하는 방법을 가이드에 적어두면 나중에 다른 사람이 다시 로고 작업을 하게 될 때 가이드의 모범 사례를 따르게 될 것이다. 사이트 내에서 최적화된 '불러오는 중' 표시를 표준화한 후 스타일 가이드에 포함해 두면 다른 디자이너가 상대적으로 덜 최적화된 '불러오는 중' 표시를 새로 만드는 대신 가이드를 따라 쉽게 구현할 수 있을 것이다. 스타일 가이드 작성에 노력을 기울이면 모두가 모범 사례를 따르게 되므로 시간이 지나도 사이트는 최대한 빠르게 움직이게 된다.

스타일 가이드에 다음과 같은 정보도 포함해보자.

- 16진수 색상 값과 색상의 적용 예
- 버튼 클래스와 클래스의 사용 방법
- 스프라이트와 스프라이트 안의 아이콘과 함께 동작하는 클래스의 종류
- 스타일과 웹 글꼴 정보를 가진 타이포그래피와 이를 헤더에 사용하는 방법

모범 사례를 문서화할 때 이 스타일들을 어떻게 구현했는지를 내용에 포함하자. HTML이나 CSS 마크업 예제, 혹은 자바스크립트를 추가하는 올바른 방법, 아니면 효율적인 구현 방법에 대한 참고 내용을 추가하자. 예를 들어 옐프(Yelp)의 스타일 가이드[7]는 버튼에 올바르게 스타일을

---

7 http://www.yelp.com/styleguide

적용하는 방법을 총 2가지로 나누어 설명하고 있고 구매와 소셜 미디어 관련 버튼의 스타일도 따로 설명하고 있다.(그림 4-5).

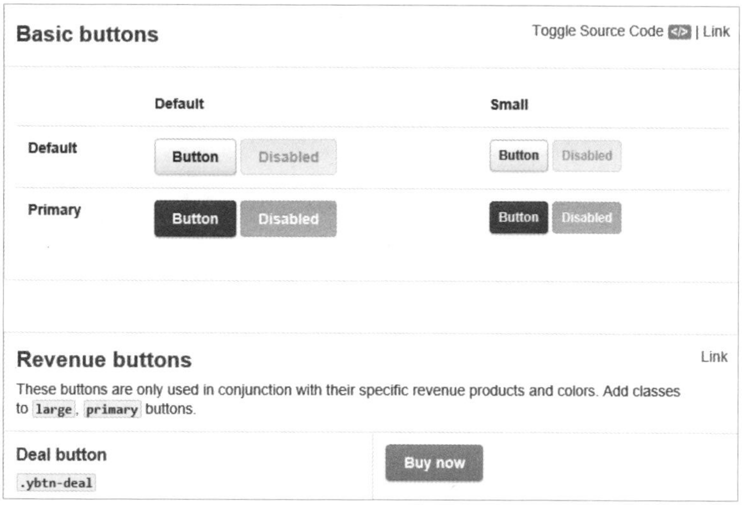

그림 4-5 옐프의 스타일 가이드는 버튼에 올바르게 스타일을 적용하는 방법과 함께 구매와 소셜 미디어 버튼 스타일도 설명하고 있다.

나중에 합류한 디자이너나 개발자가 진입장벽 없이 사이트를 올바르게 구현할 수 있도록 쉽게 복사 및 붙여넣기를 할 수 있는 마크업을 만들자. 예를 들어 스타벅스 스타일 가이드[8]는 HTML과 CSS 예제부터 각각의 아이콘별 예제까지 회사의 아이콘 글꼴 적용방법을 자세히 설명해 놓았다.(그림 4-6). 스타일 가이드에 포함된 디자인의 용도를 변경하고 자원을 재사용하는 것은 가능한 한 쉽고 직관적이어야 한다.

쉽게 이해할 수 있는 사례, 쉽게 복사해 붙여넣을 수 있는 마크업, 아름다운 예제의 조합은 같은 사이트에서 작업하는 모든 사람들이 쉽게 스타일 가이드에 맞춰 개발할 수 있게 해준다. 문서화는 최대한 빈틈없이 해야 하지만 동시에 직관적이어야 한다. 예를 들어 웹 글꼴 사용을 문서화한다면 추가할 수 있는 글꼴의 최대 크기, 각각의 효율적 구현방안, 글꼴의 적절한 사용시점까지 적어야 한다. 엣시(Etsy)의 스타일 가이드처럼 말이다(그림 4-7).

8 http://www.starbucks.com/static/reference/styleguide

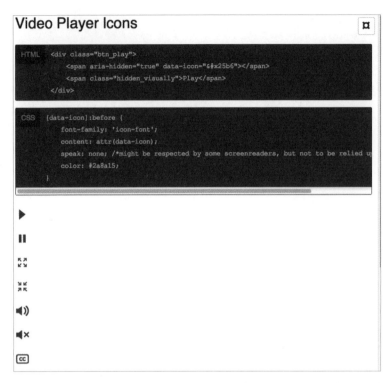

그림 4-6 스타벅스 스타일 가이드는 HTML과 CSS 예제부터 각각의 아이콘별 예제까지 회사의 아이콘 글꼴 적용방법을 자세히 설명해 놓았다.

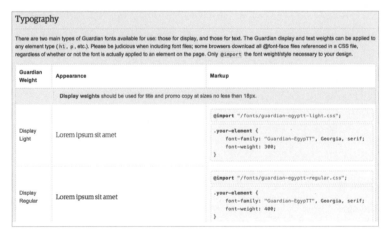

그림 4-7 엣시의 스타일 가이드는 @font-face 가중치 예제, 다양한 글꼴을 언제 사용해야 하는지에 대한 가이드, 복사 후 붙여넣기로 구현이 가능한 CSS 코드가 포함되어 있다.

재사용이 가능한 패턴은 페이지 로딩 시간뿐 아니라 디자인 및 개발 시간도 절약할 수 있다. 사이트의 디자인이 변하더라도 특정 형태를 이용해 구현했던 부분은 업데이트하기 쉽다. 왜냐하면 그 부분들은 같은 자원과 스타일을 이용해 만들었기 때문이다. 재활용 가능한 디자인 패턴이 많을수록 스타일이나 자원이 캐싱되어 있을 확률이 높고 스타일시트의 파일 길이는 짧아지며 사이트 로딩은 빨라질 것이다.

마크업에 대한 추가 고려사항

마크업 및 스타일을 정리한 후에도 페이지 로딩 시간을 개선하기 위해 자원 로딩 순서 변경, 최소화, 캐싱과 같은 추가적인 최적화 적용이 필요하다. 자원을 로딩하는 과정에 신경을 쓰고 어떻게 자원들이 사용자에게 전달되는지를 이해한다면 사이트 전반의 사용자 경험이 개선될 것이다.

CSS와 자바스크립트 로딩

CSS와 자바스크립트를 로딩할 때는 두 가지 규칙이 있다.

- <head>에서 CSS를 로딩한다.
- 페이지 하단에서 자바스크립트를 로딩한다.

여러분이 2장 '중요 렌더링 경로'를 먼저 읽었다면 CSS가 렌더링을 방해한다는 것을 알고 있을 것이다. 스타일시트를 페이지의 하단 가까이에 넣으면 스타일시트는 페이지가 화면에 그려지는 것을 방해하게 된다. 브라우저는 그려야 할 콘텐츠의 스타일이 변경되고 있을 때 페이지의 요소를 화면에 다시 그리는 일을 피하려 하기 때문이다. 스타일시트를 <head>에 넣으면 브라우저가 더 이상 스타일 정보를 찾지 않으므로 사용자에게 화면이 순차적으로 보이도록 할 수 있다.

스타일시트의 파일 개수를 가능한 한 적게 유지하면 브라우저가 요청하는 횟수를 줄일 수 있다. 이는 더 빨라진 페이지 로딩 시간으로 이어진다. 이는 페이지 로딩 시간을 크게 증가시킬 수 있는 @import를 사용하지 말아야 한다는 것도 의미한다. CSS는 작을수록 좋으며, 개인적으로 CSS의 파일 크기는 30KB 이하를 목표로 잡길 추천한다. 대형 사이트는 필요에 따라 사이트 전체에 사용되는 스타일시트와 페이지별 스타일시트를 따로 두는 것이 더 나을 수도 있다. 이 방법을 통해 사이트 전체에 사용되는 스타일시트는 캐싱을 하고 페이지별 스타일시트만 다운받도록 운영하면 다운받는 횟수를 최소한으로 운영할 수 있다.

자바스크립트 파일은 페이지의 끝에서, 가능한 한 비동기 방식으로 로딩되어야 한다. 그렇게 하면 더 빠르게 다른 페이지의 콘텐츠를 사용자에게 보여줄 수 있다. 이때 자바스크립트를 명시적으로 비동기라고 선언하지 않으면 DOM 만들기를 방해한다.

브라우저의 HTML 파서(parser)가 스크립트 태그를 발견하면 브라우저는 스크립트에 포함된 작업이 페이지의 렌더링 트리를 변경할 수도 있다고 판단한다. 그래서 스크립트가 하고자 하는 일을 끝낼 때까지 DOM 만들기를 잠시 중단한다. 스크립트의 작업이 끝나면 브라우저는 HTML 파서가 중단된 곳에서 DOM 만들기를 이어서 시작한다. 그러므로 스크립트를 페이지의 마지막에서 호출하도록 옮기고 비동기로 선언하는 과정을 통해 중요 렌더링 경로(critical rendering path)를 최적화함으로써 사용자의 체감 성능을 개선하고 렌더링-블로킹 문제를 없앨 수 있다.

여러분이 자바스크립트 파일을 HTML의 일부로 작성한 것이 아니라 다른 파일로 부르게 만들었다면 사용자의 브라우저는 서버에서 파일을 받으려 할 것이다. 이때 HTML이 저장된 서버가 아닌 다른 곳에서 자바스크립트 파일을 부른다면 이를 서드파티 서버에서 받아야 할 수도 있다. 이는 HTML 파서가 DOM을 렌더링하기 전 대기시간이 수십에서 수천 밀리초로 늘어날 수 있다는 뜻이다. 하지만 다음처럼 async 태그를 스크립트에 추가하면 브라우저에 이 스크립트가 바로 실행되지 않아도 되므로 콘텐츠 렌더링을 막지 말라고 알려줄 수 있다.

```
<script src="main.js" async></script>
```

이 코드로 브라우저가 DOM 만들기를 계속하도록 하고 스크립트는 다 운받은 후 준비가 되면 실행한다.

비동기 스크립트를 사용할 때 주의해야 할 점들이 있다. 비동기 스크립트를 이용해 새 콘텐츠를 부를 때 이것이 사용자 경험에 어떤 영향을 미칠지 살펴봐야 한다는 것이다.

어떤 것이든 나중에 로딩되어 콘텐츠가 밀리면 페이지 레이아웃에 영향을 줄 수 있고, 이는 사용자를 놀라게 할 수 있다. 플레이스 홀더(placeholder)를 사용해 페이지의 룩앤필은 늘 안정적으로 동작하도록 해야 한다.

비동기 속성은 로딩 순서를 보장하지 않으므로 의존성 문제를 일으킬 수 있다는 것을 기억해야 한다. 콘텐츠에 따라서는 사용자가 어떤 부분이 아직 표시되지 않았는지 알 수 있게 콘텐츠가 비동기로 로딩되는 동안 '불러오는 중' 표시를 하는 것도 고려해볼 수 있다. 또한 비동기로 나중에 로딩되는 콘텐츠는 북마크나 뒤로가기 버튼, 검색엔진 등에서 기대한 대로 움직이지 않을 수도 있다. 이를 고려해 중요 렌더링 경로와 사용자 경험을 최적화해야 한다.

광고나 소셜 공유 버튼, 위젯 같은 타사의 콘텐츠는 사이트의 성능에 치명적일 수 있다. 최적화를 위해 이미 이런 것들을 비동기로 부르고 있겠지만, 이렇게 외부에서 호스팅되는 자원이 사이트 장애의 주요 원인이 되지 않도록 해야 한다. 서드파티의 스크립트는 페이지 크기에 많은 부담을 줄 수 있고 동시에 다른 곳에 있는 자원을 가져오기 위해 추가적인 DNS 조회가 필요하기 때문에 성능 문제도 생긴다. 또한 타사의 자원은 캐싱도 제어할 수 없다.

그러니 가능한 한 타사의 스크립트를 제거하려고 노력하자. 요청 횟수가 적을수록 페이지 성능은 더 좋아진다. 또한 스크립트를 합치거나 줄이려고 시도해보자. 타사의 스크립트를 복제, 최적화하여 여러분의 서버에서 직접 호스팅할 수도 있겠지만 그냥 소셜 공유 스크립트를 단순한 링크로 바꿔보자. 마지막으로 여러분의 페이지에서 사용하는 타사의 자원은 정기적으로 가치를 평가하자. 사용자에게 제공하는 어떤 자원도 성능과 바꿀 만큼 가치가 있는 경우는 거의 없다.

폭포수 차트를 통해 스크립트 성능의 측면에서 다른 콘텐츠를 모두 받은 후 자바스크립트 파일을 마지막으로 받는지, 혹시 자바스크립트 파일이 다른 파일의 다운로드나 화면의 중요한 부분이 그려지는 것을 방해하지는 않는지 확인하자. 광고나 공유하기 같은 중요하지 않은 기능 때문에 페이지의 중요한 내용을 부르지 못하거나 그리지 못하는 실수는 없어야 한다.

최소화와 GZIP

스타일시트에 공백이나 불필요한 세미콜론, 혹은 '0'이 보이는가? 자바스크립트 파일에 불필요한 공백이나 줄바꿈, 탭은 없는가? 이번에는 최종 사용자에게 사이트를 공개하기 전에 스타일시트나 자바스크립트에 포함된 불필요한 문자들을 지우는 방법으로 자원을 최소화하는 작업을 알아보자. 최소화 작업을 하면 파일 크기를 더 작게 만들 수 있고, 다른 최적화와 마찬가지로 사이트 로딩 속도와 같은 성능 개선으로 연결된다.

최소화를 위해 위해 CSS 미니파이어(CSS Minifier)[9]나 JS 컴프레스(JS Compress)[10] 같은 온라인 도구, 혹은 명령창 실행 도구를 사용할 수 있다. 사이트의 CSS 파일을 CSS 미니파이어에 붙여 넣으면 결과물로 최적화 및 최소화 처리를 해서 더 짧아진 CSS 파일을 받아 사이트에 적용할

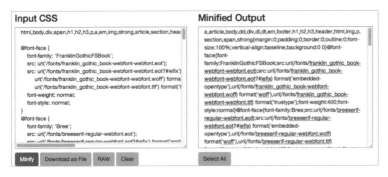

그림 4-8 사이트의 CSS 파일을 CSSMinifier.com에 붙여넣으면 최적화 및 최소화 처리를 해서 더 짧아진 CSS 파일을 받아 사이트에 적용할 수 있다.

9 http://cssminifier.com
10 http://jscompress.com

수 있다(그림 4-8). 이 예에서는 기존 파일 대비 15%나 파일의 크기가
줄었다.

최소화된 CSS 파일을 자세히 살펴보면 어떤 스타일이 어디에 있는지
쉽게 찾을 수 없을 것이다. 최소화 버전은 모든 내용이 한 줄로 되어 있
기 때문이다. 그러므로 쉽게 읽고 수정할 수 있는 최소화되지 않은 버전
은 꼭 따로 저장해서 나중에 수정할 때 사용하도록 한다. 반대로 사이트
에는 최소화된 버전만 사용하여 사용자가 가능한 한 작은 파일들을 다
운받도록 해야 한다.

텍스트 파일을 압축할 수 있는 또 다른 방법은 gzip을 적용하는 것이
다. gzip은 알고리즘에 기초한 파일 압축을 위해 사용하는 소프트웨어
애플리케이션이다. gzip 알고리즘은 텍스트 파일 안에 유사한 문자열을
찾은 후 찾은 문자열을 대체하여 전체 파일 크기를 줄인다. 반대로 브라
우저는 압축된 파일을 받아 대체된 문자열을 디코딩한 후 사용자에게
올바른 콘텐츠를 보여준다.

gzip 압축을 적용하려면 먼저 웹 서버에서 활성화해야 한다. 활성화
방법은 서버에 따라 다르다.

- 아파치: `mod_deflate` 사용[11]
- NGINX: `ngx_http_gzip_module` 사용[12]
- IIS: HTTP 압축 사용[13]

gzip은 스타일시트와 HTML, 자바스크립트, 글꼴 등 모든 텍스트 파일
에 적용할 수 있다. WOFF 글꼴 파일은 유일하게 이미 압축되어 있어
gzip을 적용할 수 없다.

자원 캐싱하기

캐싱은 사이트 성능에 매우 중요하다. 캐싱된 자원은 서버에서 다시 받
을 필요가 없기 때문에 요청 횟수를 줄일 수 있다. 캐싱은 사용자의 브

---

11 http://httpd.apache.org/docs/current/mod/mod_deflate.html
12 http://nginx.org/en/docs/http/ngx_http_gzip_module.html
13 https://technet.microsoft.com/en-us/library/cc771003(v=WS.10).aspx

라우저와 정보를 공유하여 어떤 자원을 이미 다운받은(다시 말하면, 캐싱된) 것으로 보여주고, 어떤 자원을 서버에서 다시 받을지 브라우저가 결정할 수 있게 도와준다.

캐싱을 위한 정보는 브라우저와 서버 사이에 주고받는 요청의 HTTP 헤더에 들어 있다. HTTP 헤더에는 브라우저의 User-Agent나 쿠키 정보, 사용된 인코딩 종류 등 많은 부가 정보가 들어 있는데 응답 헤더에 포함될 수 있는 캐싱에 관련된 파라미터는 두 가지다.

- 서버에 새로운 자원이 있는지 확인하지 않고 캐싱된 자원을 사용할 수 있는 기간 정보(Expires와 Cache-Control: max-age)
- 브라우저가 캐싱된 자원인지 비교, 판단하는 데 사용되는 서버에 저장된 자원의 버전 정보(Last-Modified와 ETag)

여러분은 Expires나 Cache-Control: max-age 둘 중 하나와 Last-Modified 나 ETag 중 하나를 모든 캐싱 가능한 자원들에 설정해야 한다. Expires 가 Cache-Control: max-age보다 널리 사용된다. Last-Modified는 날짜를, Etag는 파일 버전 숫자처럼 자원의 버전을 의미할 수 있는 고유 식별 값을 갖는다.

모든 스태틱 자원(CSS 파일, 자바스크립트 파일, 이미지, PDF 파일, 글꼴 등)은 캐싱이 적용되어야 한다. 이때 다음과 같은 점을 기억해야 한다.

- Expires에는 만기일로부터 최대 1년까지만 설정한다. 1년 이상 값으로 설정하면 RFC 지침에 위배된다.
- Last-Modified는 자원이 마지막으로 변경된 날짜를 설정한다.

자주 바뀔 파일이라 유효 기간을 더 짧게 설정하고 싶다면 그렇게 해도 된다. 최소 일 개월 정도가 가장 좋다. 기간을 조절하는 대신 자원의 URL을 변경하여 사용자의 브라우저가 캐싱을 중단하고 새 버전을 가져오도록 강제할 수도 있다.

아파치 서버에서 캐싱을 활성화하는 방법은 아파치 캐싱 가이드[14]를 참조하자. NGINX 서버는 NGINX 콘텐츠 캐싱[15]을 참조하면 된다.

로딩 순서 변경과 최소화, 캐싱 등 우수하고 빠른 사용자 경험을 제공하기 위해 적용할 수 있는 사이트 최적화 방법은 다양하다. 이러한 각각의 기법들은 모바일 사용자처럼 느린 네트워크 환경에서 접속하는 사용자들을 위해 사이트를 구현할 때 더욱 중요해진다. 특히 사용자의 기기 종류나 화면 크기에 따라 다른 콘텐츠를 보여주고자 한다면 말이다. 다음 장에서는 작은 화면에서 콘텐츠를 로딩하는 방법과 효율을 높이는 방법, 그리고 모바일 사용자에게 긍정적인 인상을 줄 수 있는 사용자 경험에 대해 다룰 것이다.

---

14 http://httpd.apache.org/docs/2.2/caching.html
15 http://nginx.com/resources/admin-guide/caching

5장

*D e s i g n i n g   f o r   **P e r f o r m a n c e***

반응형 웹 디자인

모바일 기기는 이미 대세다. 1장에서 언급했듯이 전세계 수많은 인터넷 사용자가 주로 모바일 기기를 인터넷 접속 도구로 사용하고 있다.[1] 사람들이 인터넷에 접속하는 데 주로 쓰는 모바일 기기는 모바일 기기만이 갖는 제약들이 있다. 모바일 네트워크의 엄청난 대기 시간(1장 '모바일 네트워크' 참고), 상대적으로 약한 와이파이 신호 강도, 배터리를 전원으로 사용하는 하드웨어의 문제(1장 '모바일 하드웨어' 참고) 등이 그것이다. 하지만 중요한 것은 이런 제약에도 불구하고 우리가 디자인하고 개발한 사이트가 가능한 한 최고의 성능과 효율을 보여야 한다는 것이다. 사이트 사용자를 위해 불필요한 오버헤드는 줄이는 동시에 접속 기기의 화면 크기에 따라 체감 성능도 최적화해야 한다.

반응형으로 디자인한 웹사이트의 문제점은 불필요하게 큰 이미지나 사용하지 않는 CSS, 자바스크립트를 사용자가 다운받게 하기 쉽다는 것이다. 반응형 웹사이트에는 레이아웃과 콘텐츠를 작은 화면에 제대로 보이게 하기 위해 최적화하는 과정에서 간혹 추가적인 마크업 및 기능이 포함될 수 있다. 따라서 디자이너나 개발자가 인식하지 못한 사이 모바일로 접속한 사용자에게 PC 사용자와 같은 파일을 제공하거나 심지어 더 많은 페이지를 다운받게 할 수도 있다.

---

1   http://www.slideshare.net/OnDevice/the-mobile-only-internet-generation

반응형 웹사이트를 만드는 대부분의 제작자들은 이미 의사결정 단계에서 콘텐츠의 흐름을 재정리하고, 보여줄 요소와 숨길 요소를 결정하거나 계층구조의 최적안을 결정하는 등 다양한 것들을 처리하고 있을 것이다. 이런 반응형 웹 디자인의 워크플로에 추가 단계를 포함해야 한다. 정보 아키텍처 관점에서 데이터를 어떻게 전달할지만 결정하는 것이 아니라 페이지의 크기와 요청에 따라 사용자에게 필요한 콘텐츠를 어떻게 전달할지 결정하는 것이다.

가이 포드자니(Guy Podjarny)는 반응형으로 디자인된 사이트의 대부분이 사용자의 화면 크기에 관계없이 거의 같은 크기의 페이지를 사용자에게 전달한다는 것을 발견했다.[2] 그러나 사이트가 이렇게 동작하면 안 된다.

물론 반응형 웹 디자인이 본질적으로 성능을 저하시키는 것이 아니므로 사용자에게 무엇을 다운받게 할지 최적안을 찾으면 된다. 반응형 웹사이트를 전략적으로 디자인하고 어떤 자원을 사용자에게 다운받게 할지 신중하게 결정하면 화면 크기에 관계없이 잘 동작하는 멋진 사용자 경험을 제공할 수도 있다.

전략적 콘텐츠 로딩

반응형 웹사이트를 만들 때 개발자들은 다양한 화면 크기를 지원하기 위해 종종 더 많은 미디어 쿼리를 추가하는데, 미디어 쿼리로 인해 사용자에게 엄청난 오버헤드를 줄 수도 있다는 사실을 간과한다. 특히 데스크톱 버전으로 사이트를 먼저 디자인한 후 나중에 모바일 같은 더 작은 화면을 지원하기 위해 사이트의 크기를 줄일 때 주로 이런 현상이 나타난다. 데스크톱에 최적화된 자원을 작은 화면에 그대로 사용하면 어떤 일이 일어날까? CSS를 통해 시각적으로는 축소되었지만 실제로는 같은 크기의 이미지를 사용자에게 제공하거나 데스크톱용 글꼴을 그대로 전달하는 일이 생길 수 있다. 여러분은 이런 점을 고려해 어떤 콘텐츠를

---

2   http://www.guypo.com/uncategorized/real-world-rwd-performance-take-2

어떻게 로딩할지 신중히 결정해야 하고 사용자에게 꼭 필요한 바이트만 전달하도록 해야 한다.

이미지

이미지를 제공할 때에는 사용자에게 불필요한 오버헤드를 제거하기 위해 페이지에 표시되는 크기와 동일한 이미지를 제공해야 한다. 그림 5-1을 보면 구글 홈페이지와 크롬 개발자 도구가 열려 있는데 자세히 보면 화면에 표시되는 구글 로고의 크기가 실제 파일의 크기보다 작다.

그림 5-1 구글 로고 파일의 실제 크기보다 화면에 표시된 로고의 크기가 더 작은 것을 확인할 수 있다.

이는 브라우저가 화면에 표시하는 것보다 더 큰 이미지를 불필요하게 다운받은 것이고, 동시에 사용자도 불필요한 바이트를 다운받았다는 뜻이다. 크롬 개발자 도구를 이용해 이미지를 검사하다 보면 종종 화면에 표시되는 크기와 실제 크기가 다른 이미지를 볼 수 있을 것이다(그림 5-2).

그림 5-2 크롬 개발자 도구를 통해 페이지에 표시되는 이미지 크기뿐 아니라 실제 크기도 알 수 있다.

그림 5-2를 보면 구글이 사용자에게 맥의 레티나 디스플레이 버전 이미지를 전송했다는 것을 알 수 있다. 레티나 화면은 같은 물리적 크기의 화면에 두 배 많은 픽셀을 표시하기 때문에 디자이너나 개발자가 필요에 따라 두 배 큰 이미지를 전송한 후 브라우저에서 표시할 때 크기를 줄일 수 있다. 이 기법을 사용하면 레티나 화면의 사용자에게는 이미지가 선명하게 보일 테지만, 레티나 화면을 사용하지 않는 사용자에게 불필요하게 큰 이미지 파일을 다운받도록 하는 것이기도 하다.

사이트의 이미지를 검사하여 파일 크기를 수정할 기회가 있는지 찾아보자. 브라우저가 어떤 이미지를 다운받을지는 RESS 기법이나 CSS 미디어 쿼리, 새로운 picture 사양 등을 통해 알려줄 수 있다.

서버와 연동하는 반응형 웹 디자인을 의미하는 RESS(Responsive web design with server-side components)는 올바른 크기의 이미지를 생성하고 제공하기 위한 방법 중 하나다. 이미지를 클라이언트 쪽에서 최적화하는 대신에 사용자에게 어떤 자원이 제공될지 서버 쪽에서 선택하게 하여 성능을 개선할 수 있다. 사용자 에이전트 문자열을 통해 사용자 화면 크기나 기기의 터치 기능 지원 여부 등을 추측한 후 서버가 최적안을 결정하게 하는 것이다. 어댑티브 이미지(Adaptive Images)[3] 같은 도구는 사용자의 화면 크기를 감지하고 미리 정의된 기준에 맞춰 자동으로 정확한 크기의 이미지를 생성, 캐싱, 전달한다(그림 5-3). 톰 바커(Tom Barker)는 그의 저서 『High Performance Responsive Design』(O'reilly, 2014)에서 여러 RESS 기법과 구현 방법을 설명하고 있다.

그러나 RESS 기법에는 몇 가지 단점이 있다. RESS는 사용자 기기의 화면 크기 변화에 올바로 대응할 수가 없다(예: 사용자가 장비를 가로나 세로 방향으로 회전하는 경우). 여러분이 RESS 기법을 통해 사용자 브라우저의 크기에 완벽하게 맞춘 이미지를 제공하고 있었다고 가정해 보자. 해당 사용자가 장치를 회전하고 이에 맞춰 반응형 레이아웃이 변경되더라도, 서버는 장치가 회전하면서 바뀐 레이아웃에 맞는 이미지를 언제 다시 보내야 하는지 알 수 있는 방법이 없다. 그래서 반응형 이미

---

3 http://adaptive-images.com

그림 5-3 어댑티브 이미지 사이트에서 제공하는 어댑티브 이미지 도구(Adaptive Images tool)를 이용하면 하나의 이미지를 다양한 크기의 이미지로 변경할 수 있고, 또한 결과 이미지 파일의 크기도 바꿀 수 있다.

지에 있어서는 미디어 쿼리나 새로운 picture 사양 같은 기술이 더 나은 해결책이라 말한다.

반응형 디자인에서 CSS를 사용해 사용자에게 알맞은 이미지 크기를 표시할 수 있는 가장 좋은 방법이 무엇일지 찾는 연구가 많이 있었다. 그 중에서 특히 팀 카들렉(Tim Kadlec)[4]과 클라우드 포(Cloud Four)[5]의 연구가 유명하다. CSS를 이용할 때 주의할 점은 페이지에 필요한 이미지가 무엇인지 결정하는 과정에서 브라우저가 예상치 못한 동작을 할 수 있으므로 사이트의 성능을 테스트하고 사용자의 브라우저가 필요한 자원만 다운받는지 확인해야 한다는 것이다.

예를 들어, 단순히 display: none을 설정하는 것으로는 브라우저가 이미지를 다운받는 것을 방지할 수 없다.

```
<div id="hide">
    <img src="image.jpg" alt="Image" />
</div>

/* 정말 이렇게 하지 말자. 브라우저는 여전히 이미지를 다운받는다. */

@media (max-width: 600px) {
    #hide {
        display: none;
    }
}
```

4 https://timkadlec.com/2012/04/media-query-asset-downloading-results
5 http://cloudfour.com/examples/mediaqueries/image-test

배경 이미지가 있는 요소에 display: none을 적용해도 마찬가지다. 여전히 이미지를 다운받을 것이다.

```
<div id="hide"></div>

/* 이렇게도 하지 말자. 브라우저는 여전히 이미지를 다운받는다. */

#hide {
    background: url(image.jpg);
}

@media (max-width: 600px) {
    #hide {
        display: none;
    }
}
```

반응형 디자인에서 CSS를 이용해 이미지가 보이지 않도록 숨기고 싶다면 배경 이미지가 있는 요소의 부모를 숨기는 방법을 쓸 수 있다.

```
<div id="parent">
    <div></div>
</div>

/* 부모를 숨기면 브라우저는 이미지를 다운받지 않는다. */

#parent div {
    background: url(image.jpg);
}

@media (max-width: 600px) {
    #parent {
        display: none;
    }
}
```

아니면 미디어 쿼리를 이용해 브라우저에게 각 화면 크기에 따라 어떤 이미지를 받아야 할지 알려줄 수도 있다. 브라우저는 미디어 쿼리와 일치하는 이미지를 다운받는다.

```
<div id="match"></div>

@media (min-width: 601px) {
    #match {
        background: url(big.jpg);
    }
}

@media (max-width: 600px) {
```

```
    #match {
        background: url(small.jpg);
    }
}
```

이때 오래된 버전의 브라우저들은 여러 미디어 쿼리가 동시에 만족되는 경우 여러 이미지를 모두 다운받는다.

그럼 CSS를 통해 고해상도 이미지를 제공하는 것은 어떨까? 그러면 고해상도 이미지를 제공하는 미디어 쿼리를 이용 중인 브라우저에서만 고해상도 이미지를 다운받도록 보장할 수 있을 것이다.

```
<div id="match"></div>

#match {
    background: url(regular.png);
}

@media (-webkit-min-device-pixel-ratio: 1.5),
    (min--moz-device-pixel-ratio: 1.5),
    (-o-min-device-pixel-ratio: 3/2),
    (min-device-pixel-ratio: 1.5) {
        #match {
            background: url(retina.png);
        }
}
```

불행하게도 위 미디어 쿼리는 픽셀 비율이 1.5와 같거나 크고, 안드로이드 2.x로 동작하는 기기에서 retina.png와 regular.png를 모두를 다운받도록 한다. 하지만 카들렉의 글[6]에 따르면, 여러분이 안드로이드 2.x에서 실행되는 맥의 레티나 디스플레이 수준의 해상도를 가진 기기를 만날 일은 거의 없다고 하니 크게 우려하지 않아도 될 것 같다.

최신 브라우저에서 그림을 최적의 크기로 표시하기 위한 가장 좋은 방법은 HTML의 picture 요소를 활용하는 것이다. picture 요소는 현재 크롬 38 버전, 파이어폭스 33 버전, 오페라 25 버전부터 지원되고 있으며, 이는 새로운 picture 사양[7]의 일부다. 이 새로운 규격은 브라우저에게 다운받을 이미지 파일이 무엇인지 알려줄 수 있고, picture 요소를 지원하지 않는 브라우저를 위한 대비책도 가지고 있다.

6 https://timkadlec.com/2012/04/media-query-asset-downloading-results
7 https://html.spec.whatwg.org/multipage/embedded-content.html#the-picture-element

다음은 미디어 쿼리를 이용해 어떤 이미지를 다운받을지 결정하는
picture 요소의 간단한 예제다. 위에서 아래의 순서대로 확인하면서 일
치하면 이미지를 다운받는다.

```
<picture>
    <source media="(min-width: 800px)" srcset="big.png">
    <source media="(min-width: 400px)" srcset="small.png">
    <img src="small.png" alt="Description">
</picture>
```

얼마나 놀라운가! 미디어 속성이 맞는 경우에만 브라우저에게 다
운 받을 이미지를 알려주는 것이 아니라 picture 요소를 지원하지 않
는 브라우저도 저화질의 이미지를 받을 수 있도록 하고 있다. 픽처필
(Picturefill)[8]은 picture 요소를 지원하지 않는 브라우저에서도 이 기능
을 사용할 수 있게 해주므로 지금 당장 picture 요소를 사용할 수도 있
다. 참고로 같은 picture 요소 안에 정의된 모든 이미지의 alt 속성을
하나로 맞추는 것이 좋다.

물론 고해상도 이미지에도 picture 요소를 쓸 수 있다.

```
<picture>
  <source media="(min-width: 800px)"
    srcset="big.png 1x, big-hd.png 2x">
  <source media="(min-width: 600px)"
    srcset="medium.png 1x, medium-hd.png 2x">
  <img src="small.png" srcset="small-hd.png 2x"
    alt="Description">
</picture>
```

이 예에서 srcset은 브라우저에게 다른 픽셀 밀도에서 선택할 수 있는
이미지를 알려주고 있다. 다시 말해 정확한 처리를 통해 사용자가 부담
하는 오버헤드를 줄이고, 브라우저에게 어떤 이미지를 가져가거나 보여
줘야 하는지 알려주는 것이다.

한편 picture 요소의 다른 큰 장점 중 하나는 type 속성이다.

```
<picture>
    <source type="image/svg+xml" srcset="pic.svg">
    <img src="pic.png" alt="Description">
</picture>
```

---

8   http://scottjehl.github.io/picturefill

type 속성을 통해 사용자의 브라우저에 콘텐츠 종류를 인식할 수 없다
면 무시하라고 알려줄 수 있다. 위 예제에서는 브라우저가 SVG 파일을
인식한다면 다운받을 것이고 인식하지 못하는 다른 브라우저는 PNG
파일을 받을 것이다. 다시 말해 브라우저가 정확하게 어떤 이미지를 다
운받아야 하는지 알려줄 수 있고 사용자에게 불필요한 오버헤드를 전가
하지 않을 수 있다.

그렇다면 이런 특징이 유동적인 디자인(fluid design)에도 도움이 될
까? 만약 여러분이 다른 사이즈의 이미지들을 준비해놓고 특정한 뷰포
트 크기나 화면 해상도별로 나열하지 않고 사용자의 브라우저가 최적
의 이미지를 결정하도록 하고 싶다면 어떻게 해야 할까? 이런 때를 위해
picture 사양에는 sizes 속성이 있다. sizes의 구문은 다음과 같다.

```
sizes="[media query] [length],
       [media query] [length],
       etc…
       [default length]"
```

sizes 속성의 각 미디어 쿼리는 페이지에 보일 이미지의 길이, 뷰포트
크기와 각각 관련이 있다. 길이가 33.3vw[9]라면 브라우저는 이미지가 뷰
포트 폭의 33%의 길이로 표시될 것이라 이해한다. 만약 길이가 100vw
라면 브라우저는 이미지가 뷰포트 폭의 100%로 표시되는 것으로 이해
한다. 이 산술식을 통해 사용자가 보기에 가장 적합할 것 같은 이미지를
브라우저가 선택할 수 있도록 도와준다.

sizes 속성은 다운받을 이미지를 알아내기 전에 각 미디어 쿼리를 훑
어본 후 어떻게 적용할지 참고할 수 있어 유용하다. 다음은 브라우저가
기본적으로는 뷰포트의 100% 길이로 이미지를 표시하고, 폭이 1000px
이상인 큰 화면에서는 뷰포트의 33% 크기로 이미지를 표시하도록 하는
예제다.

```
sizes="(min-width: 1000px) 33.3vw, 100vw"
```

---

9 (옮긴이) vw 단위에 대한 자세한 정보는 http://www.w3.org/TR/css3-values/#vw-unit를 참고하자.

브라우저는 자신에 맞는 이미지를 찾기 위해 이미지의 srcset 목록을 살핀다. 그러므로 여러분이 srcset을 통해 브라우저에 image 360w와 같이 각 이미지의 폭을 알려주면 된다. 여기서 image.jpg 부분은 이미지 파일의 경로이며 360w는 이미지의 폭이 360px라는 것을 뜻한다.

```
<img srcset="small.jpg 400w,
        medium.jpg 800w,
        big.jpg 1600w"
    sizes="(min-width: 1000px) 33.3vw,
        100vw"
    src="small.jpg"
    alt="Description">
```

srcset의 이미지 목록과 sizes의 표시 폭 목록을 바탕으로 브라우저는 미디어 쿼리와 뷰포트 크기에 따라 사용자에게 최적화된 이미지를 선택하고 다운받아 표시할 수 있다. 콘텐츠 관리 시스템(CMS: Content Management System)을 사용할 때도 매우 편리하다. 시스템이 이미지에 맞는 소스와 마크업을 만들어 낼 수 있기 때문이다. 이 방법을 사용하면 콘텐츠 관리 시스템의 사용자는 하나의 버전만 업로드하면 다른 크기의 화면에서 어떻게 보일지 염려할 필요가 없다. 앞의 예제처럼, picture 요소 대신에 새로운 picture 사양을 사용할 수도 있다는 것도 기억해 두자.

새로운 규격의 모든 기능을 조화롭게 사용하면 사용자의 브라우저가 스스로 어떤 이미지를 받아서 표시할 것인지 결정하는 권한을 줄 수 있다. 다양한 화면의 크기에 맞춘 이미지뿐 아니라 높은 픽셀 밀도를 가진 기기를 위해 고해상도에 최적화된 이미지를 제공할 수도 있고, 브라우저가 미디어 쿼리에 맞춰 제대로 된 이미지를 고르게 할 수도 있다. 이런 기능 모두가 사이트의 성능에 큰 도움이 되는 것은 당연하다.

글꼴

글꼴을 다운받기 위해서는 추가적인 요청이 필요하고 총 페이지의 크기도 증가하기 때문에 사이트에 엄청난 양의 오버헤드를 줄 수 있다. 4장 '웹 글꼴 최적화'에서 설명한 것처럼 글꼴 파일 최적화를 통해 성능을 최대한 높이는 방법에는 여러 가지가 있다. 반응형 웹 디자인이라면 화면이 클 때만 글꼴을 로딩하는 방법을 선택할 수 있다. 엣시에서도 사용하고 있는 방법으로, 사용자가 모바일 기기로 접근했다면 글꼴 파일을 다운받지 않도록 하여 사용자의 트래픽을 아낄 수 있다.

　이를 적용하려면 먼저 콘텐츠에 일반 대체 글꼴을 설정해야 한다. 그후 화면 크기 기준을 충족할 때만 미디어 쿼리를 이용해 콘텐츠에 웹 글꼴을 적용하도록 한다.

```
@font-face {
    font-family: '글꼴 이름';
    src: url('글꼴 이름.woff') format('woff');
}

body {
    font-family: Georgia, serif;
}

@media (min-width: 1000px) {
    body {
        font-family: '글꼴 이름', Georgia, serif;
    }
}
```

이렇게 하면 사용자의 브라우저가 미디어 쿼리를 충족할 때만 웹 글꼴을 다운받고 적용할 것이다. 인터넷 익스플로러 8 이하의 브라우저를 제외한 모든 브라우저가 조건이 충족할 때만 글꼴을 다운받은 방식으로 문제없이 동작한다. 그리고 인터넷 익스플로러 8 이하인 브라우저는 페이지 내에서 사용하지 않는 글꼴이더라도 CSS 파일에 적힌 @font-face를 모두 다운받을 것이다.

접근 방법

사이트를 반응형 웹 디자인으로 만들기 위해 실제 디자인 단계뿐 아니라 개발 과정에서도 많은 의사 결정이 필요하다. 전반적인 접근 방식과 그 접근 방식이 성능에 미치는 영향에 대한 고려가 필요할 때는 잠시 여유를 가지고 사이트를 둘러보자. 둘러보는 동안 프로젝트 문서에는 성능에 대한 내용을 추가하고, 모바일을 우선하는 관점에서 사이트를 살퍼보자. 이후 미디어 쿼리를 통해 사이트의 성능을 측정하는 방법을 찾는다면 신속하면서도 반응이 빠른 사이트를 만드는 데 도움이 된다.

프로젝트 문서화

가능하면 모든 프로젝트의 문서에 성능에 대한 내용을 추가해 두자(반응형 웹 디자인만 국한하여 말하는 것이 아니다). 반응형 웹사이트라면 벤치마크를 수행한 후 결과로 얻은 속도 지수를 기준으로 총 페이지 크기, 총 페이지 로딩 시간, 체감 성능 등의 표준 성능 지표를 측정하고 싶을 것이다. 아니면, 단순히 사이트의 전반적인 페이지 평균 속도를 측정하는 대신 특정 기기나 미디어 쿼리를 목표로 정할 수도 있다.

　7장 '성능 예산을 이용해 새로운 디자인 시도하기'에서 논의하겠지만 개발할 때 사이트 속도도 타협 대상이 될 수 있다. 여러분이 성능 예산을 미리 정해두면 아름다움과 성능 사이에서 다양한 시도를 할 수 있다. 어떤 반응형 웹 디자인이든 아름다움과 성능 사이에서 서로 양보하는 일은 생기기 마련이다. 성능 예산을 넘어설 만큼 매우 큰 이미지를 특정 미디어 쿼리에 사용하고 대신에 그 이미지를 사이트에서 사용하는 동안만 웹 글꼴을 사용하지 않기로 결정할 수도 있다. 표 5-1은 반응형 웹 디자인을 위한 성능 예산 운영 예제다.

측정 방법	목표	기타
총 페이지 로딩 시간	2초	모든 경우
총 페이지 크기	500kb	min-width: 900px
총 페이지 크기	300kb	max-width: 640px
속도 지수	1,000	모든 경우

표 5-1 반응형 웹 디자인 예산 예제

여러분은 사용자가 사용하는 기기가 무엇이든 페이지의 크기나 요청 횟수를 불필요하게 증가시키는 상황은 피했으면 좋겠다는 뜻을 프로젝트 문서에 남겨두는 것이 좋다. 또한 표 5-1처럼 목표를 달성했는지 확인하기 위해 미디어 쿼리나 다양한 화면 크기마다 속도를 측정할 것이라는 점을 분명히 언급해야 한다. 성능 예산을 잡기가 애매한 경우도 있을 것이다. 기기를 회전할 때 어떻게 변화해야 할지, 그 변화에 따라 성능 예산도 변경해야 할지 결정하는 경우처럼 말이다. 성능 예산의 목적은 성능의 중요성을 체감할 수 있는 기준을 만들어서 같은 프로젝트에 참여하고 있는 사람들이 성능에 대한 예상치를 갖게 하는 것이다. 그러므로 위와 같은 변화는 모바일 사용자뿐 아니라 데스크톱 사용자에게도 긍정적인 효과가 있다는 것을 기억하고 판단하면 된다.

모바일 퍼스트

모바일을 중심으로 생각하면 사이트를 디자인할 때 많은 도움이 된다. 다음의 행동들이 자연스럽게 따라오기 때문이다.

- '이 페이지의 가장 중요한 목적은 무엇인가?'와 같은 핵심적인 질문을 고민한다.
- 사용자에게 가장 중요한 기능과 콘텐츠를 구분한다.
- 재사용할 수 있는 디자인 패턴을 만들고 그것을 화면 크기에 따라 변경하는 방법을 생각한다.
- 사이트 접근성, 즉 인터넷이 느리거나 성능이 낮은 기기에서도 접속이 용이한지 생각한다.

데스크톱을 중심으로 생각하는 많은 디자이너와 개발자들은 모바일 기기 사용자에게도 데스크톱과 같은 사용자 경험을 제공하려는 과오를 범하기 쉽다. 하지만 데스크톱 대신 모바일을 중심으로 생각하면 기능을 추가하거나 더 강력한 애니메이션과 스타일을 적용하거나 혹은 새로 출시된 디바이스의 기능을 사용할 때마다 이런 새로운 변화가 성능에 미치는 영향을 추적해서 점진적으로 사이트를 향상시킬 수 있다.

물론 모바일의 사용자 경험이 데스크톱보다 무조건 빈약해서는 안 될 것이다. 의도적으로 어느 정도 줄일 수는 있겠지만, 이때 디자이너와 개발자가 얻는 장점이 분명해야 하고 사이트가 렌더링되는 플랫폼의 한계를 이해하고 난 후 결정한 것이어야 한다. 사이트의 모바일 버전과 데스크톱 버전 모두가 중요하며 한쪽이 다른 한쪽을 보조하는 관계는 아니다. 또, 사용자가 접하는 콘텐츠가 같다고 해서 사용자 경험도 같은 것은 아니다. 사용자의 요구 사항을 염두에 두고 여러분만의 디자인과 개발을 진행하자.

모바일을 우선하면 자연스럽게 사용자의 요구 사항에 관심이 생기고 이는 사이트의 성능을 개선하는 데도 도움이 된다. 사용자가 사이트에 바라는 바를 이해하면 사용자가 원하는 콘텐츠를 중심으로 보여주는 것에 집중할 수 있다. 작은 화면 크기에 적합한 기능과 콘텐츠가 무엇일지 결정하다 보면 자연스럽게 총 페이지 크기와 요청 수도 낮게 유지될 것이다. 이런 고민 끝에 만들어진 사이트는 작은 화면에 미디어 쿼리가 도배되는 대신 가장 중요한 콘텐츠와 자원만으로 구성될 것이며 이는 사이트의 성능을 제어하는 데 큰 도움이 될 것이다.

여러분은 반응형 웹사이트를 만들 때 가장 작은 화면을 먼저 고려하는 것이 좋다. 가장 작은 화면에 맞는 스타일을 먼저 제공하도록 CSS를 재정렬하고, 사용자의 화면 크기가 커질 때 필요한 콘텐츠와 기능을 추가하는 점진적 개선을 하자. 화면 크기에 적절한 자원을 제공하고 스크롤하는 과정에서 쟁크(버벅거림)가 없도록 확인하며, 페이지의 핵심 기능이 가능한 한 빨리 사용자와 상호작용할 수 있도록 한다. 일단 사이트가 완성되면 그 다음에는 큰 화면용으로 추가했던 큰 이미지들을 공유하는 방법이나 사이트의 계층구조에서 콘텐츠에 접근하는 방법, 전반적인 사용자 경험 향상 등을 작업하도록 한다.

모든 것 측정하기

6장에서는 디자인을 반복적이고 지속적으로 테스트하는 과정을 통해 사이트의 성능을 측정하는 방법을 다룰 것이다. 반응형 웹사이트에서도 일반 사이트에서 수행했던 방법대로 테스트를 할 수 있다. 하지만 반응형 웹 디자인 측정에는 몇 가지를 추가적으로 고려해야 한다.

먼저 여러분은 화면 크기에 맞춰 알맞은 콘텐츠만 제공하고 있는지 확인해야 한다. 전체 사이트 중 72%가 화면 크기에 관계없이 같은 콘텐츠를 제공하고 있는데 여러분의 사이트가 그중 하나가 되지 않도록 주의하자.[10]

또 가능하면 선택한 기준별로 총 페이지 크기를 측정할 수 있는 자동화 테스트를 구현하자. 톰 바커(Tom Barker)는 자신의 저서 『High Performance Responsive Design』에 지속적으로 웹 성능을 테스트하는 방법을 담았는데 팬텀 JS(Phantom JS)를 이용해 각 기준점의 성능을 측정하는 방법, 와이슬로우(YSlow) 점수와 총 페이지 크기의 의미도 설명하고 있다.

물론 수동으로 테스트할 수도 있다. 크롬 개발자 도구를 사용하여 가상 기기를 준비한 후 자원(Resource) 패널을 통해 기기가 어떤 이미지를 다운받고 있는지 확인할 수 있다. 다음은 화면 폭을 기준점으로 다른 이미지를 제공하고자 만든 미디어 쿼리의 예제다.

```
@media (min-width: 601px) {
    section {
        background: url(big.png);
    }
}
@media (max-width: 600px) {
    section {
        background: url(small.png);
    }
}
```

여러분이 앞의 예제를 살펴볼 때 특정 기기가 이미지를 올바르게 다운받는지 뿐만 아니라 혹시 두 개의 이미지를 모두 다운받은 것은 아닌지도 주의해서 확인해야 한다. 이 예제에서는 크롬 개발자 도구의 캐싱 기능을 끈 후 큰 화면용 미디어 쿼리에 일치하는 구글 넥서스 10(그림 5-4)과 작은 화면용 미디어 쿼리에 일치하는 구글 넥서스 4(그림 5-5)를 사용하고 있다.

10 http://www.guypo.com/real-world-rwd-performance-take-2

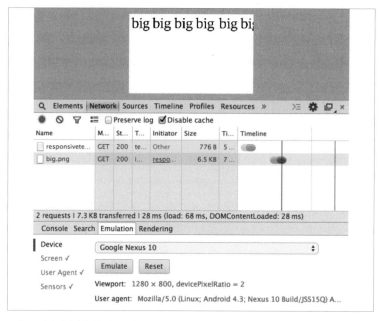

그림 5-4 어떤 이미지가 호출되는지 확인하기 위해 구글 넥서스 10 가상 기기를 준비했다. 네트워크 패널에서 big.png를 다운받은 것을 확인할 수 있다.

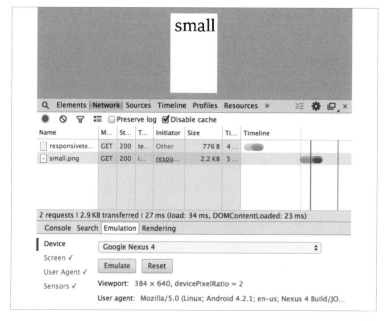

그림 5-5 구글 넥서스 4 가상 기기로 전환하고 페이지를 새로 고침하면 big.png 대신에 small.png가 호출된 것을 볼 수 있다.

각각의 가상 기기가 자신에게 필요한 이미지만 정확하게 받고 있다. 전송된 총 페이지 크기도 알 수 있다. 큰 기기는 7.3KB, 작은 기기는 2.9KB다. 각 기준점별 자원과 총 페이지 크기를 지속적으로 확인하여 프로젝트 계획 시 수립한 목표를 달성하고 있는지 확인하자.

총 페이지 로딩 시간과 각 기준점별 속도 지수를 측정하기 위해 웹페이지테스트(WebPagetest)에서 제공하는 브라우저(그림 5-6)와 연결 속도(그림 5-7)를 선택하는 기능도 활용해보자.

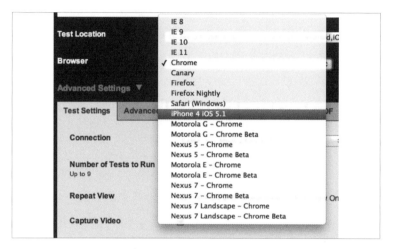

그림 5-6 웹페이지테스트의 메뉴에서 모바일 브라우저를 선택할 수 있다.

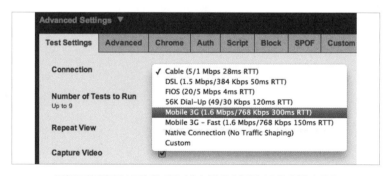

그림 5-7 웹페이지테스트의 메뉴에서 가상기기의 인터넷 연결 속도를 선택할 수 있다.

테스트 위치 목록을 보면 버지니아 주 덜레스(Dullas) 지역에는 여러 모바일 브라우저가 포함되어 있다. 이 목록의 테스트 위치들은 아이폰 4

나 넥서스 5 같은 테스트 가능한 실제 기기도 포함하고 있다.

인터넷 연결 속도 메뉴의 각 속도는 통신량 조절을 통해 만들어졌다. 이는 크롬 개발자 도구로 사용자의 다양한 인터넷 연결 상태를 흉내 내서 테스트할 수 있다는 뜻이다. 하지만 실제 테스트는 안정적인 와이파이(Wi-Fi)를 통해 이루어지고 있으므로 테스트 결과는 일관될 것이다.

총 페이지 로딩 시간 및 속도 지수가 프로젝트 문서에 설명된 목표를 달성하거나 초과하는지 확인하기 위해 각 기준점별 결과를 비교해보자.

이 책에 언급된 다른 모든 기술도 반응형 웹 디자인을 최적화하는 데도움이 될 것이다. 반응형 웹사이트를 디자인할 때 사용자가 어떤 자원을 다운받고 있는지 신경 써야 한다. 또한 사이트를 디자인하고 개발할 때 일정 기준마다 성능 예산을 책정하자. 이때 모바일 기기를 우선으로 생각하며 사이트를 만들어야 한다. 마지막으로 반응형으로 디자인된 웹사이트의 성능 개선을 위한 백엔드와 프론트엔드 최적화도 고려하고 있다면, 톰 바커의 저서 『High Performance Responsive Design』 (O'reilly, 2014) 을 통해 심화 내용을 확인하길 추천한다.

지속적이고 반복적으로 사이트의 성능을 측정해두면 여러분이 새로운 기능을 추가할 때나 사이트가 오래되어서 페이지 로딩 시간을 개선해야 할 때 좋은 참고 자료가 될 것이다. 다음 장에서는 사용자 경험이 시간에 따라 어떻게 변화하는지 이해할 수 있게 도와주는 도구와 정기적으로 사이트 성능을 검사하는 방법을 살펴본다.

6장

반복적 성능 측정

벤치마크는 현재 사이트가 제공하는 사용자 경험의 상태를 이해하기 위해서만 중요한 것이 아니라 시간에 따라 무엇이 성능에 영향을 미치고 있는지 파악하는 데도 도움이 된다. 주요 페이지의 총 페이지 로딩 시간이나 총 페이지 크기, 체감 성능 속도 지수 등 다양한 페이지 속도 지표를 정기적으로 확인해 두면 사이트가 느려질 때 이를 알아챌 수 있다(이유도 알 수 있다). 표 6-1은 이번 장에서 다룰 예정인 유명한 사이트 성능 벤치마크 도구들을 정리해놓은 것이다.

도구 이름	종류	벤치마크 영역	적정 사용 시기
와이슬로우(YSlow)	브라우저 플러그인	전체 등급, 권장사항	개발 중에, 매 분기
크롬 개발자 도구 (DevTools)	브라우저 플러그인	권장사항, 폭포수 차트, 초당 프레임	개발 중에, 매 분기
웹페이지테스트 (WebPagetest)	모의 테스트	전체 등급, 권장사항, 폭포수 차트, 속도 지수	변경사항이 클 때, 실험 시
캐치포인트(Catchpoint), 고메즈(Gomez), 웹페이지테스트 스크립트 (wpt-script) 외	모의 테스트 (경향 분석 포함)	시간에 따른 사이트 성능의 경향	매달
구글 웹 로그 분석 (Google Analytics), 엠펄스(mPulse), 글림프스(Glimpse) 외	실제 사용자 모니터링	사이트에 접속하는 다양한 사용자의 평균 로딩 시간	매주

표 6-1 벤치마크의 개요

사이트가 오래되면 성능은 개선될 수도, 저하될 수도 있다. 그러므로 브라우저 플러그인과 모의 테스트, 실제 사용자 모니터링을 통해 성능이 어떻게 변경되었는지 지켜보는 것이 꼭 필요하다.

브라우저 도구

기본 페이지 로딩 시간의 성능이 어떤지 측정하고 싶다면 개발하는 동안 브라우저 플러그인을 이용해 여러분의 페이지를 테스트하면 된다. 와이슬로우(YSlow)나 크롬 개발자 도구(DevTools)는 여러분의 사이트가 성능 최적화의 중요한 원칙들을 잘 지켰는지 확인할 수 있게 도와준다.

와이슬로우

2장 '페이지 크기'에서 언급한 것처럼 와이슬로우[1]는 자원의 총 파일 크기를 확인할 수 있는 가장 좋은 방법이다. 와이슬로우는 파이어폭스, 오페라, 크롬 및 사파리 브라우저 플러그인을 통해 사용할 수 있다. 명령줄이나 북마크를 통해 사용할 수도 있다. 여러분은 와이슬로우에서 페이지 내 다양한 자원의 파일 크기를 검사하는 것 이외에 사이트의 페이지 로딩 시간 개선을 위한 기본 권장사항도 얻을 수 있다(그림 6-1).

페이지에 대한 와이슬로우의 권장사항을 살펴보자. 먼저 어떤 파일에 Expires 헤더를 적용해야 할지 보기 위해 'Add Expires headers'를 선택하자. 이 권장사항을 통해 어떤 파일들에 캐싱 규칙을 적용해야 하는지 쉽게 알 수 있다. 이 예제에서는 구글 웹 로그 분석(Google Analytics) 스크립트의 캐싱 부분은 무시했다. 구글 웹 로그 분석의 스크립트는 구글에서 제공하고 있는데 이 파일은 우리가 직접 캐싱할 수 없기 때문이다.

---

1 http://yslow.org

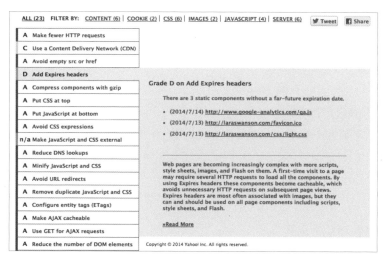

그림 6-1 와이슬로우는 로딩 순서와 압축, 캐싱과 같은 페이지의 웹 성능을 위한 개선 권장사항을 제공한다.

 이 책에서 소개되는 도구들의 권장사항을 검토할 때 여러분의 사이트는 여러분이 가장 잘 알고 있다는 사실을 잊어서는 안 된다. 권장사항을 살펴보면 여러분의 사이트에 적용하기 적합하지 않은 항목들이 있을 수 있다. 사용자 경험을 향상시키기 위해 지금까지 여러분이 개선해온 방법들이 있을 것이고 서드파티 스크립트처럼 여러분이 제어할 수 없는 항목도 있을 것이다. 또한 여러분이 속한 개발팀의 워크플로에 적용할 수 없는 방법들도 있을지 모른다. 물론 모든 권장사항을 읽고 적용이 가능할지 고민해야 하지만 모든 안을 적용하지 못한다 해도 걱정하지 말자. 웹 성능에 진리는 없다.

그림 6-2처럼 와이슬로우는 전체 성능 점수를 제공하는데, 점진적으로 이 점수를 향상시키는 것을 목표로 잡는 것이 좋다. 점수를 꼼꼼히 기록하면서 사이트의 디자인, 콘텐츠, 백엔드 등을 돌아가며 체크하자. 그래서 최신 성능 개선 권장사항이 반영되어 있는지 확인해야 한다. 이 점수를 구글의 온라인 웹 성능 분석 도구인 페이지스피드 인사이트(PageSpeed Insights)[2]의 점수 및 권장사항과 비교할 수도 있다.

---

2 https://developers.google.com/speed/pagespeed/insights

그림 6-2 와이슬로우는 페이지의 웹 성능을 등급으로 평가해준다. 사이트를 유지하면서 정기적으로 확인하고 권장사항이 새로 바뀌었는지 확인해야 한다

삼 개월에 한 번씩 정기적으로 하면 좋겠지만, 상황이 여의치 않다면 새로운 페이지를 개발하거나 기존의 사이트를 바꿀 때라도 와이슬로우를 이용해 사이트를 점검해보자. 이를 통해 이전과 지금의 성능 등급과 권장사항을 비교하면 좋을 것이다.

크롬 개발자 도구

더 강력한 최적화를 원한다면 크롬 개발자 도구 내 검사(Audits) 탭의 실행 버튼을 눌러 웹 페이지 성능(Web Page Performance)을 확인하자. 크롬 개발자 도구는 페이지를 분석한 후 웹 성능 향상을 위해 유용한 기본 정보를 제공한다(그림 6-3).

참고로 이 책에서 언급한 플러그인들의 권장사항을 살펴보기 전에 알아 두어야 할 부분이 있다. 앞서 살펴본 다른 플러그인들처럼 크롬 개발자 도구의 권장사항들도 여러분의 사이트에 적용하기에 적당한지 아닌지 꼼꼼히 살펴보고 결정해야 한다는 것이다.

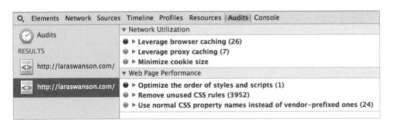

그림 6-3 크롬 개발자 도구는 여러분의 페이지를 검사한 후 웹 성능 개선을 위한 기본적인 정보를 제공한다.

크롬 개발자 도구가 제공하는 개선 권장사항들을 확인했다면 네트워크 (Network) 탭도 살펴보자(그림 6-4). 이 탭은 크롬 개발자 도구가 열려 있는 동안 발생한 페이지의 자원에 대한 요청을 타임라인으로 보여준다. 이는 사이트를 작업하면서 폭포수 정보를 수집할 수 있게 도와준다.

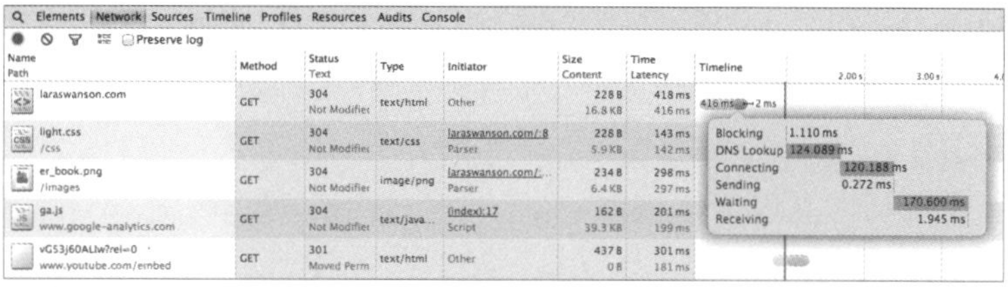

그림 6-4 크롬 개발자 도구의 네트워크 탭은 크롬 개발자 도구가 열려 있는 동안 발생한 자원 요청을 타임라인 으로 보여준다. 이 탭을 통해 여러분이 작업하는 동안 폭포수 정보를 수집할 수 있다.

네트워크 탭을 사용하면 중요 경로(critical path)가 어떻게 영향을 받았 는지, 어떤 자원을 로딩할 때 오래 걸렸는지, 또 각 요청마다 어떤 종류 의 대기 시간이 발생했는지 쉽게 확인할 수 있다. 또한 기간이나 요청의 종류로 필터링하여 쿠키를 확인할 수도 있다. 여러분이 만든 사이트의 중요 렌더링 경로(critical rendering path)가 양호하고 긴 시간을 잡아 먹는 요청이 없다는 것을 확인하기 위해 네트워크 탭을 계속 확인해야 한다.

쟁크를 구분할 때도 크롬 개발자 도구를 사용할 수 있다. 크롬 개발자 도구의 렌더링 도구창(그림 6-5)에서 FPS(Frames per second, 초당 프 레임 수) 미터를 켜면 페이지를 스크롤할 때 페이지의 어떤 부분이 프레 임을 드롭하는지 볼 수 있다. FPS는 열악한 체감 성능을 가늠할 수 있는 지표이니 적극 활용하자.

그림 6-5 크롬 개발자 도구는 FPS 미터를 통해 페이지의 어떤 부분이 쟁크를 유발하는지 찾을 수 있게 도와준다.

엣시의 페이지 중 하나에서 사용자가 페이지를 스크롤할 때 쟁크가 발 생한다는 것이 확인되었다. 우리 팀은 FPS 미터를 사용해 그림자가 적 용된 일부 사각형 요소 영역을 찾아 분리해서 스크롤할 때 발생하는 쟁 크를 해결했다. 이 문제를 수정하고 나니 덤으로 목표한 성능 개선 지수 에도 긍정적인 변화가 생겼다. 여러분도 비정기적으로 사이트에 새로운 디자인이나 기능을 추가할 일이 있을 때, 혹은 삼 개월에 한 번씩 정기적으로 크롬 개발자 도구의 검사 탭에 포함된 권장사항, 네트워크 탭, 렌더링 도구 등을 실행해 확인하면 유용할 것이다.

지금까지 여러분은 다양한 플러그인들을 이용해 사이트를 검사하고 권장사항들을 구현했고, 사이트의 타임라인과 FPS도 확인했다. 이제는 좀 더 현실적인 정보를 확인하기 위해 사이트에 접속하는 브라우저의 종류와 사이트에 접속하는 지리적 위치를 바꿔보며 벤치마크를 진행하자.

모의 테스트

브라우저 플러그인을 이용해 사이트를 확인했다면 이제는 사이트 작업에 최적화된 여러분의 컴퓨터와 사무실이 아닌 곳에서 사이트에 접속한 경우에는 어떻게 동작하는지 살펴봐야 한다. 인위적 성능 도구를 사용하면 전혀 다른 위치와 장치에서 사이트가 어떻게 로딩되는지 확인할 수 있다. 전세계 여러 지역, 다양한 플랫폼에서 접속하는 것처럼 테스트가 가능하기 때문이다.

여러분이 사이트 디자인을 반복해서 최적화할 때 최저 기준으로 삼을 성능 지표를 얻고자 한다면 모의 테스트를 이용해보자. 모의 테스트는 사용자가 여러분의 사이트를 방문할 때 실제로 느끼는 경험을 대표하는 것은 아니지만(이때는 실제 사용자 모니터링이 가장 적합하다), 여러분의 브라우저를 통해 직접 사이트를 테스트할 때보다는 더 나은 아이디어를 줄 것이다.

웹페이지테스트[3]는 매우 인기 있고 문서화가 잘 되어있는 강력한 모의 테스트 솔루션이다. 여러분이 웹페이지테스트(그림 6-6)를 이용해 테스트를 하면 사이트의 성능에 대한 다양한 통찰을 얻을 수 있다.

---

3 http://www.webpagetest.org

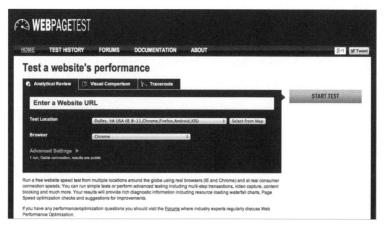

그림 6-6 웹페이지테스트는 다양한 브라우저와 전세계의 다양한 위치에서 실행할 수 있는 속도 테스트를 무료로 제공한다.

웹페이지테스트에서 기본 설정 값으로 테스트를 하면 같은 화면을 두 번 확인한다. 이를 통해 처음 페이지를 로딩했을 때와 자원이 캐싱된 후 로딩했을 때를 비교할 수 있다. 인터넷 연결 상태의 설정 기본 값은 케이블이다. 그림 6-7의 고급 설정(Advanced Settings)을 통해 테스트를 추가적으로 더 실행하도록 설정 값을 변경할 수 있다. 보통 다섯 번 정도는 테스트하는 것이 좋으며, 웹페이지테스트의 분석 결과에는 화면을 처음 로딩한 결과의 중간 값과 다시 로딩한 결과의 중간 값이 반영된다.

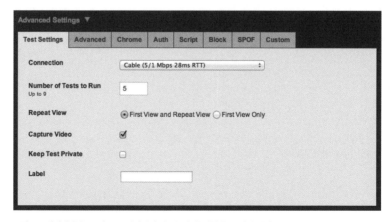

그림 6-7 웹페이지테스트의 고급 설정에서 테스트 추가 실행 횟수, 연결 상태 변경, 그리고 자바스크립트 비활성화나 특정 호스트 실패 등 테스트를 위한 추가적인 옵션을 조절할 수 있다.

웹페이지테스트는 최대 1년 동안의 테스트 결과를 보관하기 때문에 사이트의 페이지 로딩 시간을 개선할 때마다 이전에 수행했던 테스트 결과와 비교가 가능하다. 웹페이지테스트의 계정을 만들면 여러분의 테스트 결과를 따로 모아 볼 수도 있다. 웹페이지테스트에 여러분만의 인스턴스(instance)를 호스팅해볼 수도 있는데[4], 개인 인스턴스를 만들면 개발 중인 사이트를 테스트할 수 있다. 개발하고 있는 사이트를 테스트하면 디자인과 개발 워크플로의 성능을 틈틈이 확인할 수 있어 유용하다. 또한 개인 인스턴스에서는 자동화 테스트[5]를 실행할 수 있어 시간을 절약할 수 있다는 장점도 있다.

웹페이지테스트는 페이지스피드, 와이슬로우와 유사한 페이지 성능 개선을 위한 권장사항들을 제공한다. 여러분이 수행한 테스트의 결과 창 상단의 Performance Review 링크를 누르면 개선 권장사항을 통해 줄일 수 있는 페이지 로딩 시간을 알 수 있다(그림 6-8).

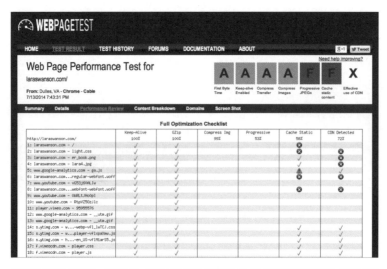

그림 6-8 웹페이지테스트는 다양한 성능 지표를 등급으로 보여줄 뿐 아니라 여러분의 페이지 로딩 시간을 개선하기 위한 권장사항을 제공한다.

---

4 https://sites.google.com/a/webpagetest.org/docs/private-instances
5 https://github.com/etsy/wpt-script

웹페이지테스트의 성능 리뷰와 첫 바이트 시간, 이미지 압축 등의 점수만 모니터링할 것이 아니라 폭포수(Waterfall) 차트도 꼭 살펴보아야 한다. 그림 6-9처럼 폭포수 차트를 확인하면 로딩하는 과정에서 긴 시간을 잡아먹는 요청을 구별할 수 있다. 이때 일시적인 현상일 수도 있으니 테스트를 여러 번 수행하도록 설정한 후 테스트 결과의 중간 값을 확인하는 것이 좋다. 다만 테스트 횟수를 늘리다 보면 전송 받는 파일 크기로 인해 서버의 트래픽이 초과되거나 서버에서 콘텐츠의 로딩을 막는 일도 있으니 염두에 두자.

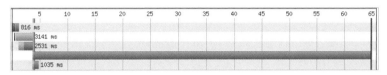

그림 6-9 웹페이지테스트에서 페이지의 폭포수 차트를 보니 로딩하는 데 상당히 긴 시간이 걸린 요청이 보인다.

여러분의 페이지가 짧은 폭포수를 갖게 하려면 무엇을 해야 하는지 생각해보자. 또한 웹 페이지 테스트의 속도 지수 점수를 확인하자. 2장 '중요 렌더링 경로'에서 언급한 것처럼 속도 지수는 전체 페이지 중 화면에 보이는 부분이 표시되는 데 걸린 평균 시간이다. 이는 사용자 입장에서 화면이 얼마나 빨리 나타났는지 알려주므로 페이지의 체감 성능을 벤치마크하는 데 유용하다.

웹페이지테스트에서는 두 개의 다른 사이트를 함께 테스트하면서 시간에 따라 변하는 내용을 시각적으로 표시해주는 기능도 제공한다. 그림 6-10의 테스트 결과를 보면 빙(Bing)이 초기에는 시각적으로 구글보다 더 빨리 표시되었지만, 최종적으로는 구글(Google) 페이지가 더 빠르게 로딩이 된 것을 볼 수 있다.

그림 6-10에서 구글의 속도 지수 점수는 1228이고 빙은 1393인데, 속도 지수 점수는 작을수록 좋다. 여러분도 페이지 속도 지수 점수를 벤치마크하고 사이트가 변경될 때마다 측정해보자. 이 점수는 여러분이 만든 페이지의 체감 성능을 확인할 수 있는 훌륭한 지표가 된다.

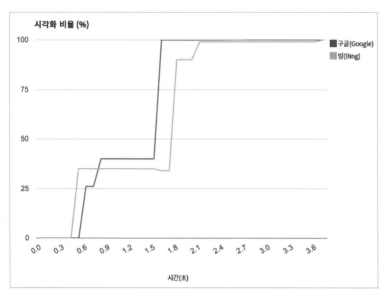

그림 6-10 웹페이지테스트의 속도 지수는 전체 페이지 중 화면에 보이는 부분이 표시되는 평균 시간을 나타낸다. 여러분은 두 개의 다른 사이트를 테스트하면서 시간에 따른 변화가 시각적으로 표시되는 것을 볼 수 있다.

또한 웹페이지테스트를 이용해 첫 바이트를 받는 데 걸리는 시간(TTFB: Time to First Byte)과 페이지가 시각적으로 완료되는 시간, 페이지를 완전히 부르는 데 걸리는 시간을 벤치마크하자. 다른 브라우저와 장소에서 수행한 웹페이지테스트의 결과를 서로 비교해 지표가 어떻게 바뀌는지도 확인하자. 로딩이 오래 걸리거나 중요 경로가 막히는 경우(2장 '중요 렌더링 경로'에서 자세히 다룬다)가 있다면 원인이 무엇인지 찾아보자.

사이트의 디자인과 성능 개선 작업을 반복적으로 수행할 때에는 웹페이지테스트를 이용해 작업 전/후를 비교하자. 웹페이지테스트의 슬라이드 보기와 비디오 기능을 이용하면 변경한 페이지가 시간에 따라 어떻게 로딩되는지 비교할 수 있다. 또한 사이트의 환경에 큰 변화가 생겼을 때에도 특별한 일이 없을 때에도 웹페이지테스트를 이용해 사이트를 자주 확인하면 좋다.

웹페이지테스트와 같은 모의 테스트는 사이트의 성능을 향상시키고 시간에 따른 사이트의 변화와 이 변화가 사이트의 페이지 로딩 시간과 체감 성능에 미치는 영향을 관찰하는 데 아주 유용하다. 이제 성능을 위한 기본적인 사항을 지속적으로 벤치마크하는 데 익숙해졌다면 다음은 실제 사용자 모니터링을 통해 사용자가 여러분의 사이트에서 진짜 느끼는 경험을 확인할 차례다.

실제 사용자 모니터링

실제 사용자 모니터링(RUM: real user monitoring)은 사용자가 사이트의 페이지를 방문했을 때 웹 트래픽을 기록하여 사용자가 사이트를 이용하는 데 걸리는 실제 시간을 분석할 수 있게 도와주는 도구다. 모의 테스트는 자동화 서비스이므로 항상 같은 테스트를 실행하고 이에 대한 결과 데이터만 얻을 수 있는 반면 실제 사용자 모니터링 도구는 사용자가 사이트에서 겪는 실제 문제에 대한 데이터를 얻을 수 있다.

이미 수많은 실제 사용자 모니터링 도구가 있는데 이 도구들은 가격과 기능, 커버리지 면에서 천차만별이다. 구글 웹 로그 분석(Google Analytics)[6], 엠펄스(mPulse)[7], 글림스(Glimpse)[8] 등이 대표적인 실제 사용자 모니터링 도구다. 이 중에서 어떤 도구가 여러분의 사이트에 적용하기 적합한지 비교해보기 바란다.

이렇게 사용자 모니터링 도구를 선택한 후에는 사이트의 주요 페이지들이 시간에 따라 사용자에게 어떻게 동작하는지 확인해야 한다. 이때 홈페이지, 랜딩 페이지, 흐름이 복잡한 곳, 트래픽이 많은 곳, 그 밖에 중요한 곳은 모두 보고서에 포함하는 것이 좋다. 이를테면 사용자가 앞에 열거한 중요한 페이지들을 로딩하는 데 걸린 시간을 살펴보고 다음과 같은 방법들로 데이터를 분류하면 최종 사용자 경험이 어떨지 예상할 수 있다.

---

6 http://www.google.com/analytics
7 http://www.soasta.com/performance-monitoring
8 http://www.catchpoint.com/products/glimpse-real-user-measurement

- 지리적 위치(주요 사용자들이 주로 거주하는 지역과 데이터 센터의 물리적 거리)
- 네트워크 종류(모바일 네트워크, 무선 랜 등)
- 중간 값과 페이지 로딩 시간의 95번째 백분위수

 95번째 백분위수 지표를 이용하면 사이트에서 성능에 문제가 있는 지점을 다른 시각에서 설명하는 데 도움이 된다. 일단 페이지 로딩 속도의 중간 값은 사용자가 페이지를 로딩하는 데 걸리는 시간에 대한 일반적인 경우를 설명하는 경우에 유용하다. 한편 95번째 백분위수 지표는 대부분의 사용자가 우수한 사용자 경험을 느끼고 있는지를 확인하는 데 유용하다. 95번째 백분위수를 다시 말하면 가장 느린 하위 5% 페이지뷰인데, 사실 총 사용자 수의 5%는 무시할 수 없는 숫자다. 그리고 RUM의 경우 95번째 백분위수는 사용자의 네트워크 연결이 얼마나 느린지에 따라 달라지는 경향이 있는데, 사용자의 네트워크가 느리면 느릴수록 백분위수는 높이 치솟을 것이다.

참고로 구글 웹 로그 분석은 페이지 로딩 시간의 백분위수가 아닌 평균 값을 제공한다.

백분위수 데이터를 확보했다면 그림 6-11처럼 주 사용자 그룹 간의 차이를 분석하자. 예를 들면 95번째 백분위수의 페이지 로딩 시간과 평균 페이지 로딩 시간은 어떻게 다를까? 또 각 국가에 따라 사이트가 어떻게 다르게 동작할까? 모바일 기기를 통해 접속한 사용자는 어떨지? 사이트 상위 다섯 개 페이지의 로딩 시간들 사이에 큰 차이가 있는지? 등의 내용을 생각해보면 좋을 것이다.

Country / Territory	Avg. Page Load Time (sec) ⬍ (compared to site average)
1. 🇺🇸 United States	
Tablet and Desktop Traffic	-35.17%
Mobile Traffic	-24.24%
2. 🇬🇧 United Kingdom	
Tablet and Desktop Traffic	94.40%
Mobile Traffic	-100.00%

그림 6-11 여러분의 사이트에서 성능 개선이 필요한 곳을 찾고 사용자가 사이트를 어떻게 느끼는지 정확히 이해하기 위해 실제 사용자 모니터링 데이터를 참고하자. 구글 웹 로그 분석의 스크린샷을 보면 접속 기기와 나라에 따라 페이지 로딩 시간이 다르다는 것을 확인할 수 있다.

차이점을 발견하면 이런 불일치가 존재하는 이유를 확인한 후 이 성능 이슈를 해결하기 위해 할 수 있는 일을 찾아보자. 이처럼 실제 사용자 모니터링 도구의 결과를 이용하면 여러분이 만든 사이트가 주는 사용자 경험의 실체를 더 깊이 이해할 수 있다. 성능 개선 및 수정 사항의 우선 순위를 정할 때 참고해보자.

모의 테스트와 실제 사용자 모니터링을 통해 사이트의 성능을 벤치마 크한 후에는 사이트에 대한 사용자 경험이 안정화될 때까지 최대한 성능 개선을 수행하자. 사실 사이트 구축 후 시간이 지날수록 성능을 안정적으로 유지하는 것이 어렵다. 그래서 다음 장에서는 반복적 성능 측정을 통해 사이트가 항상 빠르게 유지되도록 하는 비결을 하나씩 살펴볼 것이다.

시간에 따른 변화

사이트도 나이를 먹는다. 콘텐츠가 추가되고 디자인도 계속 바뀐다. 이 처럼 사이트는 계속 변하기 때문에 정기적인 사이트 성능 점검을 통해 페이지 크기, 총 로딩 시간, 체감 성능의 큰 변화 혹은 다른 부서에서 비롯된 갑작스러운 일을 최대한 빨리 찾는 것이 중요하다.

사이트에는 관련된 사람이 많다. 대표적으로는 디자이너와 개발자가 있지만 콘텐츠 제작자처럼 로딩 순서, 파일 크기, 스크롤 시 발생하는 잰크 등 다방면에 영향을 미칠 수 있는 사람도 있다. 여러분이 사이트의 성능을 반복적으로 벤치마크한다면 성능에 갑작스러운 일이 발생해도 정확히 집어낼 수 있을 것이다. 예를 들어 새로 추가한 이미지 전시 방식 때문에 홈페이지의 로딩 속도가 갑자기 두 배나 느려졌는가? 사이트 내의 모든 페이지에 마케팅을 위한 스크립트가 추가되었는가? 블로그 게시물 담당자가 권장하는 파일 크기보다 다섯 배나 큰 이미지를 업로드했는가? 이처럼 성능에 갑작스러운 일이 생길 때 문제 지점을 찾을 수 있도록 정기적으로 주요 페이지를 검사해야 한다. 그림 6-12에서는 사이트를 방문하는 사용자의 평균 페이지 로딩 시간을 시간에 따라 비교하고 있다.

　당장 사이트에 눈에 띄는 변화가 있는 것은 아니지만 조금씩 꾸준히 성능이 낮아지는 경우도 있을 수 있다. 이럴 때는 발견하기도 수정하기도 어렵다. 쇼핑몰만큼 크고 복잡한 사이트의 경우라면 첫 번째 바이트 도착 시간이나 95 백분위수(하위 5%)의 속도가 점점 느려지는 것은 아닌지 확인하는 것도 좋다. 분기마다, 가능하다면 매주 정기적으로 성능을 벤치마크해 두면 성능 저하가 미세하게 발생한 경우라도 데이터로 다른 사람을 설득해야 할 때 유용하게 쓸 수 있다. 여러분과 여러분이 속한 팀이 성능을 중요하게 생각할수록 사이트가 나이 들면서 발생하는 성능 저하를 없애고 좋은 사이트로 유지할 수 있을 것이다.

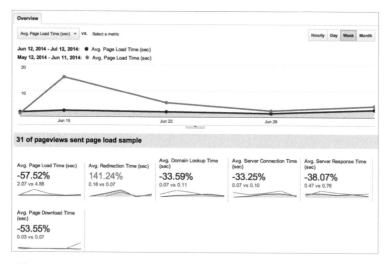

그림 6-12 구글 웹 로그 분석을 이용하면 시간에 따른 사이트 사용자의 평균 페이지 로딩 시간을 쉽게 비교해 볼 수 있다.

3장 '이미지를 위한 계획 및 반복'에서 살펴본 것처럼 여러분은 정기적으로 이미지를 확인해야 한다. 이미지의 스프라이트, 이미지 형식, 압축을 확인하는 정기적인 검사 일정을 만들자. 사이트에 새로 추가된 이미지는 자동으로 압축되는지, 필요한 크기에 맞게 제공되는지도 확인하자. 또한 사이트 내 사용자가 가장 많이 접속하는 상위 5개 페이지의 크기도 확인하자. 만약 페이지의 크기가 눈에 띄게 증가했다면 이유가 무엇인지 찾아 수정하고, 만약 수정할 수 없다면 페이지의 다른 부분을 개선할 수는 없는지 찾아보자. 성능 예산(7장 '성능 예산을 이용해 새로운 디자인 시도하기' 참고)이 있다면 느려진 페이지 로딩 시간만큼 다른 곳에서 로딩 시간을 단축하기 위한 방법을 그 예산 안에서 찾을 수도 있을 것이다. 그러나 이 모든 작업은 여러분이 정기적으로 사이트의 성능을 확인하고 시간에 따라 차이점을 비교하기 쉽도록 문서화했을 때만 가능하다.

어떤 회사는 시간에 따른 성능 변화를 수동으로 추적하기 위해 내부적으로 위키 페이지를 사용한다. 또 다른 회사는 대시보드를 만들고, 성능 모니터링 도구나 웹페이지테스트의 자체 호스팅 옵션을 이용하여 데이터를 만들고 필요하다면 경고를 보내기도 한다. 어쨌든 성능 지표로서의 가치뿐만 아니라 성능 변화의 원인을 파악하기 위해서라도 문서화는 하는 것이 좋다. 문서화를 하면 어떤 종류의 변화가 사이트의 성능에 큰 영향(재디자인이나 새로운 광고 이미지, 마케팅 스크립트 추가 등)을 주었고, 어떤 것은 그렇지 않은지(콘텐츠 이미지의 변경) 등 시간에 따라 확인할 수 있기 때문이다.

엣시의 2014년 1분기 사이트 성능 보고서

지난 3개월 간 평균 로딩 시간과 95번째 백분위수(하위 5%) 로딩 시간이 전반적으로 약간 증가했으며, 사용자가 사이트에 방문하면 처음 보게되는 홈은 특히 크게 증가했다. 우리는 홈페이지에 몇몇 실험을 진행 중인데, 그 실험 중 하나가 성능에 크게 부정적인 영향을 주고 있으며 특히 95번째 백분위수에도 영향을 미치는 것으로 확인되었다. 이 문제가 테스트 결과를 엉망으로 만들 수도 있지만 엔지니어가 이 문제를 최적화하기 전에 실험 결과를 얻고 싶어 했다.

이런 로그는 여러분 주변의 사람들이 자신의 업무가 최종 사용자의 사용자 경험 전반에 어떤 영향을 미치는지 이해하는 데 도움이 될 것이다. 이는 페이지의 아름다움과 성능 사이에서 결정을 내려야 할 때 여러분이 내린 결정에 확신을 갖도록 자신감을 주기도 한다. 이 주제는 7장에서 자세히 다룰 것이다. 성능 데이터와 성능이 바뀐 이유를 매주 벤치마크하는 일은 조직 내에서 매일 진행되는 디자인과 개발의 워크플로 속에서 현명한 결정을 내리는 데 도움을 준다.

　지속적으로 지켜봐야 할 것이 하나 더 있다. 바로 경쟁 사이트의 로딩 시간이다. 할 수 있다면 경쟁 사이트도 어떻게 동작하는지 지속적으로 테스트하고 벤치마크하자. 이를 통해 그들이 성능을 얼마나 중요하게 생각하고 사이트를 만들 때 어떤 측면의 사용자 경험을 중요하게 여기는지 알 수 있다. 또한 경쟁 사이트에 큰 성능 변화가 발생하는지 지속적으로 관찰하고 변화를 발견하면 이유가 무엇인지도 조사하자. 새로운 마케팅 스크립트를 추가했는가? 수퍼히어로 이미지를 더 나은 방법으로 합쳤거나 새로운 캠페인에 웹 글꼴을 사용하지는 않았는가? 이러한 데이터는 조직 내 경영진으로부터 여러분이 중요하게 생각하는 사이트의 성능 요소들을 지켜내는 데 유용하다.

　성능을 계속 지켜보는 작업이 작은 일에 너무 많은 에너지를 쓰는 것처럼 느껴진다면 데이터를 자동으로 수집해 큰 변화가 있을 때에만 알람을 보내는 시스템을 만들어보자. 자동 수집된 데이터로 대시보드를 만들어 여러분이 속한 조직 내부에 공개하자. 성능 예산이 있거나 서비스 성능 지표에 대한 목표치가 있다면 예산이나 목표치 대비 현재 예산에 얼마나 여유가 있고 해야 할 일의 양이 얼만큼인지 알 수 있게 성능을 도표로 표시하자. 시간에 따른 성능을 정리한 대시보드는 미미한 성능 감소처럼 쉽게 원인을 알기 어려운 문제를 찾는 데도 큰 도움이 될 것이다.

　성능이 회복되었거나 개선된 경우에 자동으로 주변에 알릴 수 있게 만들면 시간을 아낄 수 있다. 예를 들어 일주일 이상 메인 페이지 중 하나의 총 페이지 로드 시간이 증가했을 때 이를 자동으로 통보받을 수 있다면 매우 유용할 것이다. 예전과 비교하여 성능 벤치마크의 결과가 어떻게 바뀌었는지 이메일과 같은 방법을 통해 알려주면 정확히 언제 성능에 대한 숫자가 바뀌었는지도 알기 쉽다. 가능하다면 대시보드의 특정 영역에 안내를 모아 사이트의 성능이 바뀔 때 보여주는 것도 좋다. 이렇게 한 곳에서 안내를 볼 수 있게 만들면 사이트에 성능 개선이 크게 일어났을 때 이를 알리고 서로를 칭찬할 수도 있다.

시간이 지날수록 사이트는 변하게 될 것이고, 그 변화가 성능에 초점을 맞춘 것이든 디자인에 초점을 맞춘 것이든 페이지 로딩 시간에 영향을 줄 것이다. 그러므로 여러분이 만든 모든 변경 사항과 그 변경이 비즈니스 지표에 어떤 영향을 주는지 A/B 테스트를 통해 측정해야 한다. 그 변경이 성능 개선을 끌어낼 수도 있지만 성능 저하를 일으킬 수도 있기 때문이다. 참고로 A/B 테스트는 두 가지 경우를 추적하는 데 모두 적합하다. 시간에 따라 변하는 성능을 벤치마크하면 주변 사람들이 아름다움과 성능 사이에서 올바른 결정을 내리도록 도와줄 수도 있다. 다음 장에서는 전반적인 사용자 경험을 최적화할 때 실험이 얼마나 유용한지 살펴보고 디자인과 성능의 균형 사이에서 고민하게 되는 몇 가지 사례들을 알아본다.

7장

D e s i g n i n g f o r **P e r f o r m a n c e**

아름다움과 성능 사이

사이트 전체의 사용자 경험은 룩앤필, 접근성, 정보 아키텍처, 사용성을 비롯한 많은 요소에 의해 좌우된다. 그 중 성능은 사이트 전체에 영향을 주는 요소 중 하나일 뿐이다. 성능은 사이트의 다른 부분을 개선하는 데 도움이 된다. 예를 들어 페이지의 크기를 줄이면 모바일처럼 제한된 대역폭을 통해 접속하는 사용자의 접근성을 높일 수 있고, 체감 성능을 개선하면 사용자가 사이트에 더 우호적인 느낌을 갖도록 할 수 있다.

그러나 사이트의 성능을 개선하는 일은 예산이나 시간 같은 비용문제와 직결된다. 성능에만 집중하면 사용자 경험의 다른 부분을 개선하는 데 쓸 개발 비용이 상대적으로 줄어들 것이다. 그래서 때로는 성능을 개선하기 위해 룩앤필과 같은 사용자 경험의 다른 부분을 포기하기도 한다. 이 장에서는 어떤 성능 개선에 비용이 드는지, 언제 성능 개선을 해야 하는지 등을 살펴본다.

균형 찾기

여러분은 앞서 소개한 내용들을 통해 브라우저가 어떻게 콘텐츠를 요청하고 가져와 화면에 보여주는지를 알게 되었다. 또 여러 이미지 형식이 어떻게 동작하는지, 어떨 때 사용하는 것이 좋은지도 이해했을 것이다.

게다가 문맥 기반의 HTML과 CSS, 디자인 패턴의 재사용성도 살펴봤고 주요 경로(Critical Path)의 로딩 순서를 정할 때 무엇이 중요한지도 배웠다. 이제 이번 장에서는 본격적으로 성능에 대해 살펴보면서 지금까지 배운 것들을 종합해 활용할 것이다.

사이트의 성능은 사이트의 아름다움과 밀접하게 연결되어 있다. 프론트엔드 아키텍트이자 컨설턴트인 해리 로버츠(Harry Roberts)는 "사이트는 얼마나 멋지게 보일지가 중요한 것이 아니라 어떻게 동작하고 소비자가 어떻게 느낄지가 중요하다. 만약 페이지를 로딩하는 데 20초가 걸린다면 아무리 멋지고 아름다운 UI라도 의미가 없다. 사용자는 보기도 전에 떠나버릴 테니."라고 말했다.

성능을 개선하는 일이 항상 같은 패턴과 가이드라인을 따르면 되는 쉬운 일이었다면 지금보다 더 많은 사람들이 성능 관련 직종에 종사하고 있을 것이다. 하지만 성능을 개선하는 과정에는 어려운 결정을 내리는 작업이 필수적으로 동반된다. 웹이 어떻게 동작하는지 이해하고 있다면 여러분과 여러분의 사이트에 올바른 선택이 무엇인지 결정하는 데 도움이 될 것이다. 예를 들어 JPEG가 압축할 영역을 찾는 방법을 이해한다면 내보내기 품질이나 JPEG 형식의 사용 여부를 결정할 수 있다. 문자 집합이나 요청 횟수가 페이지의 성능에 어떤 영향을 미치는지 이해한다면 페이지에서 얼마나 많은 웹 글꼴을 쓸 것인지를 결정할 수 있다.

여러분은 때에 따라 사이트의 성능과 아름다움 중에 하나를 선택해야 할 것이다. 이때 가장 중요한 것은 가능한 한 모든 지식을 이용하여 사이트에 맞는 올바른 선택을 하는 것이다.

예를 들어 표 7-1처럼 프로젝트 초기에 결정하기 어려운 선택에 직면할 수도 있다.

여러분이 작업하고 있는 코드와 완료 기한, 함께 일하고 있는 동료가 잘

질문	디자인을 우선한 의견	성능을 우선한 의견
모든 페이지의 상단에 큰 대표 이미지를 넣을 수 있을까?	시선을 사로잡을 뿐 아니라 브랜드를 표현하는 데 유용하다.	매우 큰 이미지로 인해 페이지가 커질 수 있다. 페이지 크기를 축소해야 한다.
사이트의 @font-face에 세 가지 글자 표시 방법과 굵기를 적용하면 어떨까?	타이포그래피의 다양한 변화가 가능하다.	글꼴 로딩을 위해 요청 횟수가 늘어난다. 요청과 페이지의 크기를 최소화해야 한다.
회전목마처럼 돌아가며 이미지를 보여주면 어떨까?	다양한 콘텐츠를 묶어서 보여줄 수 있다.	요청과 페이지 크기를 최소화해야 한다. 특히, 사용자가 보지도 않을 이미지는 더욱 줄여야 한다.
우리 제품의 동작 과정을 어떻게 보여줄까?	비디오나 GIF 애니메이션을 사용하자.	비디오나 GIF는 파일이 너무 크다. 페이지 크기를 줄여야 한다.

표 7-1 아름다움과 성능 사이에서의 결정

다루는 기술의 종류, 룩앤필을 비롯한 수많은 요소로 인해 선택은 매번 달라질 것이다. 표 7-2는 여러 가지를 고려한 후 내린 결정의 예를 보여준다.

질문	결정
모든 페이지의 상단에 큰 대표 이미지를 넣을 수 있을까?	최소한의 색을 사용하고 이미지 압축을 올바르게 적용한다.
@font-face에 세 가지 글자 표시 방법과 굵기를 적용하면 어떨까?	두 가지 글자 표기 방법을 적용하고 본문에는 시스템 글꼴을 사용한다.
회전목마처럼 돌아가며 이미지를 보여주면 어떨까?	추가적인 요청과 페이지 크기 증가에 비하여 사용자 경험상 얻는 이득이 없다.
우리 제품의 동작 과정을 어떻게 보여줄까?	비동기로 로딩되는 비디오를 자체적으로 호스팅한다.

표 7-2 사이트 결정의 예

로버츠와 브랜드 디자이너인 나오미 앳킨슨(Naomi Atkinson)은 고객사인 파세토(Fasetto) 사와 일하는 동안 아름다움이나 성능을 언제 선택하고 포기할지 결정해야 했다. 고객사는 사이트를 통해 자사의 제품이 얼마나 사용하기 쉬운지 보여주길 원했고 결국 GIF 애니메이션을 사용하기로 결정했다. GIF는 파일의 크기가 매우 커질 수 있는 파일 포맷이고, 애니메이션이라면 더욱 그렇다. 그렇다면 두 사람은 왜 GIF를 선택한 것일까? 다음의 이유들을 살펴보자.

- 앳킨슨은 애니메이션 GIF를 만드는 데 능숙했다. 로버츠와 앳킨슨은 결정을 내릴 때 도구와 개발 비용에 대한 지식뿐 아니라 아름다움과 성능 사이의 균형을 고려해야 한다는 것을 이해하고 있었다.
- GIF 애니메이션을 CSS 애니메이션으로 교체하면 CSS 파일 크기를 늘릴 수 있으므로 대신 요청 횟수를 한 번으로 줄이는 것을 목표로 잡았다. 로버츠는 사이트의 중요 경로(Critical Path)를 최적화하는 데 집중하여, 중요 경로의 중간에 GIF 애니메이션을 로딩하지 않고 페이지가 로딩되는 동안 따로 GIF가 점차적으로 표시되도록 했다.
- 앳킨슨은 GIF 파일 형식이 가진 압축 알고리즘의 효율을 극대화하기 위해 색상 팔레트를 다루는 법을 알고 있었다. 그래서 앳킨슨은 파일 크기와 이미지 모양 사이의 균형을 잡는 데 집중했다.

그 결과 애니메이션 GIF는 예외적인 경우에만 90KB이고, 보통은 35KB 정도가 되도록 맞추어졌다. 앳킨슨과 로버츠는 성능 관련 지식을 최대한 활용하여 현명한 디자인 결정을 내렸을 뿐 아니라 고객의 사이트가 최상의 사용자 경험을 제공할 수 있도록 만들었다.

여러분도 로버츠, 앳킨슨과 같은 선택의 기로에 설 수 있는데 보통 다음과 같은 경우일 것이다.

- 성능을 가늠할 때
  - 얼마나 많은 요청 횟수를 추가하거나 제거할 것인가?
  - 페이지 크기를 얼마나 늘리거나 줄일 것인가?
  - 체감 성능에 어떤 영향을 줄 것인가?

- 아름다움을 가늠할 때
  - 사이트 이미지에 어떤 영향을 미칠 것인가?
  - 기존의 재사용을 위한 디자인 패턴에 어떤 영향을 미칠 것인가?
  - 전반적인 사용자 경험에 어떤 영향을 미칠 것인가?

- 예산이나 시간 같은 비용을 가늠할 때
  - 이 해결책은 얼마나 쉽게 유지보수할 수 있는가? 사이트의 코드를 깨끗하게 만드는가?
  - 함께 일하는 팀이 보유한 기술이 해결책을 적용하는 데 도움이 되는가?
  - 얼마나 많은 시간이 걸리는가?
  - 이 기법을 배우는 것이 팀에 도움이 되는가? 다른 프로젝트에도 활용할 수 있는가?

때로는 상반되기까지 한 많은 요소들을 가늠하고 적절한 균형점을 찾는 것은 매우 어려운 일이다. 그러나 이 책을 읽은 여러분은 이미 성능에 대해 잘 이해하고 있다. 로버츠나 앳킨슨처럼 이 지식을 여러분과 최종 사용자를 위한 최고의 결정을 내리는 데 사용할 수 있다. 그리고 이러한 선택을 좀 더 쉽게 만드는 몇 가지 추가적인 방법이 있다. 개발 비용을 줄이기 위해 성능 작업을 일일 워크플로에 포함시키고 새로운 디자인을 시도할 때 성능 예산의 관점에서 접근하며, 여러분의 결정이 어떤 부분을 포기해야 실행할 수 있는 것인지 지속적인 실험을 통해 확인하는 것이다.

성능 작업을 워크플로의 일부로 만들기

성능 작업의 운영 비용을 최소화하는 한 가지 방법은 성능 벤치마크를 위한 도구와 절차를 개발하여 일일 워크플로에 통합하는 것이다.

여러분의 일일 개발 워크플로에 통합할 수 있는 다양한 방법은 이미 이 책의 앞부분에서 소개했다. 정리하는 차원에서 다시 한번 살펴보자.

- 사이트에 새로운 이미지를 추가할 때 자동으로 이미지 압축하기
- 화면의 크기나 해상도 등의 기준에 따라 이미지의 크기를 자동으로 조정해주는 서비스를 이용하거나 기존에 만들었던 이미지를 재사용하여 다양한 화면 크기를 지원하기 위한 이미지를 직접 만들지 않기

- 스타일 가이드에 복사해 붙여넣을 수 있는 디자인 패턴을 만들어 쉽게 재사용할 수 있도록 문서화하기
- 브라우저의 플러그인을 이용하여 페이지 크기와 중요 경로(critical path) 검사하기

성능 작업을 일일 워크플로에 가능한 한 많이 포함시킬수록 운영비용을 최소화할 수 있다. 그리고 모두가 성능 도구에 익숙해지고 최적화하는 습관이 몸에 배기 시작하면 절약된 시간만큼 새로운 작업을 할 수도 있고 다른 사람들에게 성능을 위한 올바른 선택이 무엇인지 알려줄 수도 있을 것이다.

장기적인 계획에도 성능은 항상 고려 대상에 포함해야 한다. 프로젝트 주기에 따라 성능을 지속적으로 개선하고 변화를 벤치마크해 두면 나중에 성능 개선 작업을 할 때 비용을 줄일 수 있다. 기존의 디자인 형태를 개선하고 그 개선을 문서화하자. 시간이 가면서 사이트에 접속하는 사용자의 환경이 개선되고 브라우저들도 최신 버전으로 업데이트되므로 특정 브라우저에 한정된 스타일시트나 편법, 오래된 기법들은 정기적으로 찾아 정리해야 한다. 이런 작업들이 시간이 지남에 따라 성능 개선 작업을 위한 비용을 최소화해주고 아름다움과 성능의 균형을 맞추기 위해 선택할 수 있는 옵션의 폭을 넓혀준다.

성능 예산을 이용해 새로운 디자인 시도하기

작업을 위해 여유가 얼마나 있는지 이해한다면 아름다움과 페이지 속도 사이에서 결정을 내리는 데 참고할 수 있다. 성능 예산을 미리 정해 두면 어떤 곳에서 성능 저하를 감수하고 기능이나 그래픽을 추가했더라도 다른 곳에서 이를 만회할 수 있다. 표 7-3은 사이트와 관련해 몇 가지 측정 가능한 성과 목표를 설명하고 있다.

여러분이 성능 예산을 미리 정해 두면 어떤 때에는 아름다움을, 다른 때

측정 방법	최대치	도구	메모
총 페이지 로딩 시간	2초	웹 페이지 테스트(WebPagetest)에서 3G 망 기준으로 5회 테스트한 결과의 중간 값	모든 페이지
총 페이지 로딩 시간	2초	실 사용자 모니터링 도구, 여러 지역에 걸친 접속 속도의 중간 값	모든 페이지
총 페이지 크기	800KB	웹 페이지 테스트	모든 페이지
속도 지수	1,000	웹페이지테스트에서 3G 망 기준으로 덜레스에서 크롬 브라우저를 통해 접속한 경우	홈을 제외한 모든 페이지
속도 지수	600	웹페이지테스트에서 3G 망 기준으로 덜레스에서 크롬 브라우저를 통해 접속한 경우	홈

표 7-3 성능 예산 예제

에는 성능을 선택할 수 있다. 그러면 항상 페이지 속도를 우선할 필요가 없다. 성능 때문에 엄두내지 못했던 복잡한 이미지를 쓸 기회도 생긴다. 예를 들어 페이지 속도를 개선하면 개선을 통해 빨라진 만큼 이를 예산에 포함시킬 수 있다. 이미지 요청을 줄여 아낀 예산을 웹 글꼴을 추가하는 데 쓸 수도 있다. 마케팅 추적 스크립트를 삭제하면서 늘어난 성능 예산을 더 높은 해상도의 대표 이미지를 넣는 데 쓸 수도 있다. 이렇게 정기적으로 여러분의 사이트가 목표에 부합하는지 측정하면서 성능과 아름다움 사이의 균형을 계속 찾아가면 된다.

성능 목표를 결정하기 위해 경쟁 사이트의 분석이 필요할 수도 있다. 경쟁 사이트가 어떻게 동작하는지 확인하고 여러분이 만들 사이트의 성능 예산이 경쟁 사이트보다 적은지 확인하자. 혹은 산업 표준을 성능 예산의 기준으로 쓸 수도 있다. 예를 들어 대다수 사람들이 보통 2초 안에 페이지가 로딩되면 속도가 빠르다고 느끼므로 이를 페이지 로딩 시간의 목표로 잡을 수 있다.

사이트의 성능이 나아졌거나 산업 표준이 변경될 때마다 성능 예산을 가지고 측정을 반복해야 한다. 이런 과정을 통해 스스로와 여러분의 팀에게 더 나은 사이트를 만들도록 지속적인 자극을 주자. 반응형 웹 사이트는 표 5-1처럼 성능 목표를 달성하는 방식으로 예산을 잡는 것도 좋다.

성과 목표 대부분은 항상 측정 가능해야 한다. 달성할 수치와 측정에 사용할 도구를 상세하게 정하고, 누가 무엇을 측정할지도 모두 정한다. 6장에서 살펴본 것처럼 성능을 측정하는 방법을 자세히 확인하고, 구성 원들 스스로가 작업 진척도를 성능 예산의 기준으로 삼아 측정하기 쉽 도록 학습하자.

성능을 염두에 두며 디자인 실험하기

성능 작업을 할 때 가장 중요한 것은 성능을 측정하는 것이다. 여러분은 무엇이든 측정할 수 있다. 개선 사항을 위해 여러분이 얼마나 많은 시 간을 소비했는가? 개선 사항이 사이트 중도 이탈률을 줄이는 데 얼마나 영향을 주었는가? 성능 개선 사항이 아름다움과 바꿀 만큼 가치가 있는 가? 두 가지 옵션을 나란히 비교하는 A/B 테스트처럼 어느 쪽으로 개선 하는 것이 사용자에게 더 나은지 측정할 수 있는가? 등을 정리해보자.

여러분이 내린 결정의 결과를 측정하여 결정이 옳았는지 알아보자. 몇 년간 A/B 테스트를 하면서 필자가 배운 것이 한 가지 있다면 매번 테 스트를 할 때마다 결과에 놀란다는 것이다. 개발자와 디자이너들은 사 용자가 어떻게 느낄지 측정해보지도 않고 사용자 경험에 가장 좋은 것 이 무엇인지 이미 알고 있다는 듯이 결론을 내리는 경우가 많다. 지금까 지 테스트를 해본 적이 없다면 지금부터라도 시작하자.

A/B 테스트를 진행하기 위해서는 사용자를 두 그룹으로 나눈 후 두 가지 버전의 페이지를 동시에 서버에 올려둔다. 사용자 수가 많다면 더 오랫동안 사이트에 접속할 수 있도록 하자. 두 그룹의 사용자들이 두 가 지 버전의 사이트를 각각 어떻게 이용하는지 측정하면 아름다움과 성능 사이에서 내린 여러분의 결정이 전반적인 사용자 경험에 어떤 영향을 미치는지 알 수 있다. A/B 테스트를 어떻게 준비하고 실험해야 하는지 알고 싶다면 어 리스트 어파트(A List Apart)의 A/B 테스트에 대한 글을 읽어보자.[1]

필자는 때때로 성능 실험의 결과가 예상외라 놀란 경우가 있었다. 예

---

1 http://alistapart.com/article/a-primer-on-a-b-testing

를 들면 웹 글꼴로 인해 파일 크기가 커져 페이지가 느려졌는데도 사용자가 더 긍정적으로 반응하는 것을 본 적도 있다. 그러나 대체로 페이지 속도가 전반적인 사용자 경험에 엄청난 영향을 미친다는 사실을 재확인할 때가 더 많다. 페이지에 160KB 크기의 이미지를 숨긴 채 포함시켰다가 모바일 기기로 접속한 사용자의 중도 이탈률이 12%나 증가했던 것처럼 말이다. 테스트를 통해 사용자가 여러분의 결정에 실제로 어떻게 반응하는지 확인하면 결정하기 어렵다고 생각했던 문제가 쉬워질 수도 있다.

'성능 대 아름다움'의 사고방식이 불필요할 만큼 자주 '개발자 대 디자이너'의 대결로 나타난다. 그러나 개발자는 성능 개선만을 위한 사람이 아니며, 마찬가지로 디자이너도 아름답게 만드는 일만 하는 사람이 아니다. 팀은 최고의 사용자 경험이라는 공통의 목표를 가질 수 있고 사실 당연히 그래야 한다. 많은 디자이너 및 고객들과 함께 일했던 해리 로버츠(Harry Roberts)는 "세상에는 아름답기만 한 사이트를 원하는 디자이너나 빠르기만 한 사이트를 원하는 개발자, 그저 일정만 단축시키고 싶은 고객은 없다. 오직 아름답고 속도가 빠른 사이트를 짧은 시간 내에 만들고 싶어 하는 팀이 있을 뿐이다"라고 말한 바 있다. 그러므로 아름다움과 성능 사이에서 결정을 내리기 위해서는 무엇 대 무엇의 사고방식보다는 어떤 것이 사용자에게 좋을지 고민하는 것이 유리하다.

때로는 실제 사용자 테스트를 한 후에도 사용자가 틀렸다며 실험의 결과를 무시하는 우를 범하고 있는 자신을 발견할지도 모른다. 혹시 성능 개선이 보안을 취약하게 만들었다고 생각하는가? 개인정보를 이용한 스팸을 자주 보냈기 때문에 수익을 얻었을지는 몰라도 사용자 경험은 나빠졌다고 생각하는가? 그러나 실험의 결과가 비즈니스 지표보다 더 좋다면 실험 속 변경 사항을 사용자가 선호하다고 믿어도 괜찮다. 염려하지 말자.

여러분이 보낸 하루의 결과는 뛰어난 사용자 경험을 가진 사이트를 만드는 것이어야 한다. 크리스 사가랴(Chris Zacharias)는 자신의 블로그에 '페이지 크기에 대해'[2]라는 제목의 글을 썼는데 여기에는 유튜브에서 진행한 실험에 대한 일화가 나온다. 수많은 요청 때문에 유튜브의 동영상 보기 페이지 크기가 1.2MB까지 커지게 되자 사가랴는 기능을 줄인 대신 더 빨리 로딩되는 페이지를 만들기로 했다. '깃털(Feather)'이라는 이름의 이 프로젝트는 사전 동의를 얻은 유튜브 사용자들의 일부 트래픽을 할당받는 방식으로 프로토타입을 공개했다.

프로토타입이 보여준 결과는 당황스러웠다. 프로토타입 페이지의 크기가 기존 페이지보다 작아졌는데도 사용자들의 로딩 대기 시간은 증가했기 때문이다. 왜 이런 일이 생긴 것일까? 사가랴의 분석은 이렇다. "지금까지 유튜브를 사용하지 않았던 사용자들은 화면을 통해 아무것도 볼 수 없었기 때문에 이용하지 않았다. '깃털'의 프로토타입 페이지는 비디오의 첫 번째 프레임을 가져오는 데는 2분이 걸렸지만 기존 페이지에서는 아무리 기다려도 볼 수 없던 비디오를 비록 느리더라도 볼 수 있었기 때문에 사용자들은 이를 기다리게 된 것이다. 몇 주 후, 비디오를 볼 수 없었던 사람들 사이에 '깃털'이라는 프로토타입 페이지의 이름이 퍼졌고 이는 곧 프로토타입 페이지의 사용자 증가로 이어졌다. 이전에 유튜브의 비디오를 볼 수 없었던 많은 사람이 비디오를 볼 수 있게 된 것이다."

이는 우리가 성능 작업을 하고 그것을 측정해야 한다는 것을 보여주는 좋은 사례다. 아름다움과 성능 사이의 균형을 찾는 일에는 전체 사용자 경험에 대한 고려와 여러분의 직감이 진정 옳은 것인지 측정하는 시간이 필요하다. 그러나 여러분이 속한 곳의 모든 사람이 이 일을 좋게 보지 않을 수도 있다. 또는 성능 개선 작업을 하는 데 쓰는 시간이 사업적인 측면뿐 아니라 사용자에게도 유익하다는 것을 설득하기 어려울 수도 있다. 이로 인해 성능 개선 작업을 함께 할 디자이너나 개발자를 배정받기 어려울 수도 있다. 다음 장에서는 여러분이 속한 조직의 문화를 성능 중심의 문화로 바꾸기 위해 무엇을 할 수 있는지 하나씩 살펴볼 것이다.

---

2 http://blog.chriszacharias.com/page-weight-matters

8장

조직 문화 바꾸기

여러분이 눈부신 성능을 가진 사이트를 만들고 유지해 가는 데 가장 큰 장애물은 다름 아닌 조직의 문화다. 팀의 크기나 종류에 관계없이, 교육시키고 장려하고 권한을 나누는 것은 어렵다. 그래서 종종 성능 개선 작업이 기술보다는 조직의 문화와 더 관련이 있는 것처럼 느껴지기도 한다.

조직의 구성원 모두가 성능이 사용자 경험에 미치는 영향을 가치 있게 생각하는 성능 중심 문화를 가지고 있는 곳은 매우 드물다. 대신에 회사의 사이트 속도를 개선하기 위해 자발적으로 그 업무를 수행하는 성능 '경찰'이나 성능 '문지기'가 있는 경우가 많다. 가끔은 회사에서 성능 향상을 위한 인프라팀을 구성하여 전담시키기도 한다. 성능 개선을 지속하기 위해서는 조직에 성능 챔피언이 있어야 한다(여러분이 그 성능 챔피언 중 하나일 가능성이 높다). 하지만 이렇게 소수의 사람들이나 소수로 구성된 그룹이 성능에 대한 책임을 지고 있는 구조에서 새로운 사람들이 사이트 개선 작업에 합류하기 시작하면 사이트의 로딩 속도를 안정적으로 제어하는 것이 점점 불가능해진다.

언제 기술적인 해결책이 필요하고 언제 문화적인 해결책이 필요한지, 혹은 둘 다 필요한지 판단하는 것이 중요하다. 지금까지는 성능을 개선하기 위한 기술적인 해결책을 설명했지만 이 장에서는 기술적인 해결책

을 사용하고 지속할 수 있도록 보장해주는 문화적인 해결책을 설명할
것이다.

성능 경찰과 성능 문지기

조직에서 성능 향상은 한 사람의 목소리에서 시작되는 경우가 많다. 경
쟁 사이트들이 최적화를 통해 체감 성능이나 총 페이지 로딩 시간을 조
정하여 사용자 경험을 개선하고 있다는 것을 조직 내의 누군가가 알았
다고 하자. 그러면 그 사람은 경쟁 사이트와 마찬가지로 웹페이지테스
트(WebPagetest) 유료 서비스를 사용해 경쟁 사이트들을 측정하고 성
능을 비교해볼 것이다. 여러 가지 적용 가능한 성능 권장사항들을 알게
되면 그중 사이트에 쉽게 적용할 수 있고 적은 노력으로 큰 결과를 얻을
수 있는 것들 위주로 적용하게 될 것이다.

이렇게 성능 경찰이나 성능 문지기를 자처하는 사람은 보통 개인이
다. 그런 사람들은 다른 디자이너나 개발자의 작업이 끝난 후에도 반복
적으로 정리를 수행한다. 때로는 스스로가 정리를 도맡기도 하고 업무
로 할당받는 경우도 있다. 어떻게 일을 맡았든 간에 이런 식으로 한 사
람이 일을 처리하다가는 지쳐 쓰러질 것이다.

누가 봐도 안정적이라 생각되는 사이트조차도 시간이 갈수록 성능 개
선을 어렵게 만드는 요인이 늘어난다. 다음의 예를 살펴보자.

- picture처럼 그림 파일의 새로운 성능 기법 등장
- 사이트에 사용되는 하드웨어, 콘셉트, 코드의 노후화
- 새로운 디자이너와 개발자 합류
- 성능 개선을 고려하는 습관을 가진 기존 구성원의 이탈
- 브라우저의 지속적인 발전
- HTTP/2처럼 기존의 성능 제약을 개선하는 웹 표준 공개

이런 변화들을 추적하는 책임을 가진 전담팀(일명 성능 챔피언팀)을 운
영하는 것이 중요하다. 성능 챔피언팀은 웹이 변화할수록 회사가 의지

하게 될 최고의 동료이자 도구가 될 것이다. 단, 성능 챔피언팀에만 높은 성능을 가진 사이트를 만드는 책임을 지워서는 안 된다. 사이트에 관련된 모든 사람이 성능의 중요성을 받아들이고 성능을 개선하기 위해 무엇을 할 수 있는지 이해하고 있어야 한다.

사이트를 만드는 디자이너와 개발자가 성능에 대한 교육이 되어 있지 않다면 무엇이 사용자 경험에 가장 좋은지 어떻게 결정하겠는가? 또 어떻게 아름다움과 페이지 로딩 속도 사이의 균형을 찾겠는가? 구성원들이 성능 개선을 위한 자발적인 자세를 가지지 않는다면, 작업 후의 성능을 위한 정리는 결국 성능 챔피언이 하게 될 것이다. 그리고 예방 차원에서 다른 사람의 작업까지 정리해주는 일은 쉽게 지치는 지름길이다.

성능 전담팀은 다음에 집중할 수 있어야 한다.

- 구성원의 성능 개선 교육을 위한 강의, 점심 미팅, 워크숍 진행하기
- 사이트 속도를 개선한 다른 팀의 디자이너나 개발자 축하하기
- 구성원 개개인의 작업이 성능에 직접적으로 미치는 영향을 쉽게 이해할 수 있도록 워크플로에 성능 데이터 표시 도구 만들기
- 새로운 프로젝트의 성능 예산, 사이트 내 최대 페이지 로딩 시간 등 성능을 위한 기본 요구 사항 정의하기
- 신기술과 성능을 개선하기 위한 새로운 방법 공부하기
- 그림 8-1처럼 사이트 성능의 변화와 최근 실험 결과, 학습 내용을 공개 토론하기

성능을 관리하는 개인이나 팀은 앞에서 열거한 일들을 처리하기 위해 꼭 필요하다. 성능 챔피언(혹은 팀)은 사이트의 현재 성능이 어떤지 전체적인 시각에서 살펴봐야 한다. 문제 영역을 유심히 지켜보고, 개선할 영역을 찾고, 사이트 디자인과 개발에 관여하는 사람들에게 제안을 해야 한다. 그러나 실제로 성능을 개선하고 유지하기 위해 실천하는 것은 개인이나 단일 팀이 모든 책임을 지기는 어려우며 조직 전체가 공유하고 함께 짊어져야 제대로 수행될 수 있다.

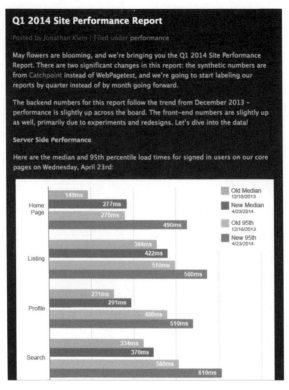

그림 8-1 엣시의 성능 보고서는 매 분기마다 가장 접속자가 많은 페이지의 로딩 시간과 로딩 시간 개선에 기여한 것이 무엇인지 자세히 설명한다.

상향식 관리

다른 문제들과 비교할 때 페이지 속도는 형태가 불분명하기 때문에 상대적으로 그 중요성을 간과하기 쉽다. 페이지의 속도 자체를 수치화하는 것은 쉽지만 페이지 속도로 인해 발생하는 성능 문제는 수치보다 체감의 문제인 경우가 많기 때문이다. 총 로딩 시간과 초당 프레임을 개선하기 위해 왜 노력해야 하는지 사람들에게 설명하기는 생각보다 어렵다. 이런 무형의 문제에 대응하기 위해서는 권력의 중심에서 파견된 성능 챔피언이 필요하다. 경영진들이 성능에 관심이 있다면 조직의 문화를 극적으로 변화시키는 데 매우 도움이 된다.

성능의 중요성을 경영진들에게 강조하기 위해 비즈니스 지표와 최종 사용자 경험을 시각적으로 보여주는 것에 집중하자. 누가 뭐라 해도 가장 중요한 시각적 요소는 숫자이다. 유료 사용자 전환 비율, 총 수익, 재방문 비율에 영향을 주는 숫자들을 중점적으로 알리자. 그 다음에는 경영진들이 최종 사용자의 입장에서 사이트가 느리다는 것을 직접 느낄 수 있도록 노력하자.

비즈니스 지표에 미치는 영향

1장에서 일부 살펴보았지만 인터넷 환경에서 성능이 비즈니스 지표에 영향을 미친다는 것을 보여주는 연구는 이미 많다.

- 아카마이(Akamai)는 사이트 멈춤, 에러, 너무 긴 로딩 시간이나 복잡한 결제 과정을 경험한 온라인 구매자의 75%가 그 사이트에서 구매를 하지 않는다고 보고했다.[1]
- 고메즈(Gomez)에서 온라인 구매자의 행동을 연구한 결과, 사이트에서 나쁜 경험을 한 사용자의 88%는 사이트를 재방문할 가능성이 낮다고 발표했다. 같은 연구에서 사이트의 트래픽이 몰리는 시간대에는 75%의 온라인 구매자가 느린 사이트로 인해 고통받기보다는 경쟁 사이트로 이동하는 것도 발견되었다.[2]
- 느린 사이트를 경험한 사용자가 해당 사이트를 재검색하는 비율이 감소한다는 구글의 연구에서 알 수 있듯이 사용자는 빠른 사이트를 재방문하는 경향이 있다.[3]
- 구글의 광고 서비스를 개발하고 제공하는 더블클릭(DoubleClick)이 클라이언트의 재전송(redirection) 단계를 하나 줄이자 모바일 기기 사용자의 광고 진입률이 12% 증가했다.[4]

여러분이 속한 조직의 경영진이 어떤 숫자에 관심이 있는지 확인하자. 수익이나 회원 수인가? 소셜미디어 연관성인가? 경영진이 관심 있는 숫

---

1 http://www3.akamai.com/4seconds
2 http://www.mcrinc.com/Documents/Newsletters/201110_why_web_performance_matters.pdf
3 http://googleresearch.blogspot.kr/2009/06/speed-matters.html
4 http://doubleclickadvertisers.blogspot.kr/2011/06/cranking-up-speed-of-dfa-leads-to.html

자(등의 지표)를 확인했다면 그 내용과 연관이 있는 성능 연구들을 찾아 공유하자. 사이트를 이탈하는 비율이나 진입하는 비율, 재방문 사용자 수 같은 연관 지표를 수익과 같이 듣는 사람이 공감할 수 있는 실질적인 지표들과 엮자. 각 조직의 경영진들은 자연스럽게 여러분의 연구와 지표가 가리키는 방향으로 비즈니스 목표를 잡게 될 것이다.

비즈니스 지표와 성능 개선의 상관관계를 확인하기 위한 테스트는 가능하다면 여러분의 사이트에서 직접 수행하자. 그러면 조직 내의 관심 있는 사람뿐 아니라 외부에도 테스트 결과를 공개할 수 있다. 아마존이나 구글같은 큰 회사는 느린 사이트가 사용자에게 미치는 영향을 측정하기 위해 속도 저하 실험까지 수행할 수 있겠지만, 아마도 의도적으로 사이트의 속도를 늦추는 부정적인 실험은 많은 조직에서 환영받지 못할 것이다. 그러니 속도를 크게 개선할 수 있는 이미지 압축이나 캐싱 등의 긍정적인 실험에 집중하자.

눈에 띄는 개선을 하나 만들어 지표에 미치는 영향을 측정하자. 가능하면 개선된 환경에서 사용자들의 행동을 비교할 수 있는 A/B 테스트를 실행하자. 만약 여러분이 유료 사용자 전환 비율처럼 수익과 관련된 지표에 가시적인 영향을 줄 수 있다면 좋겠지만, 그렇지 않다면 사용자 이탈률이나 방문자당 페이지뷰와 같은 연관 지표에 초점을 맞추어 결과를 수집하도록 한다. 새로 만든 고성능 버전 사이트의 개선 사항과 경영진이 관심 있는 비즈니스 지표 통계를 바탕으로 데이터를 만들자. 예를 들면, 더 많은 사용자가 경쟁 사이트 대신 여러분의 사이트를 선택했다거나 더 많은 사용자가 검색엔진의 검색을 통해 재방문했다는 데이터 등이 될 수 있다.

만약 A/B 테스트를 수행할 수 없다면 수정 사항이 사라지기 전에 관련 지표를 측정해 두자. A/B 테스트보다 과학적이진 않겠지만 나중에 경영진들을 설득하기 위한 최소한의 준비는 될 것이다. 성능 개선의 영향을 측정하는 방법은 6장에서 이미 다뤘다. 여러분이 한 일과 비즈니스 지표의 변화 결과를 경영진들과 공유하여 그들이 성능 작업이 가질 수 있는 긍정적 영향을 이해하도록 하자.

성능 개선을 적용할 때는 이에 소요되는 시간도 측정해야 한다. 디자인과 개발 시간도 비즈니스 측면에서는 비용에 해당한다. 비용에 대한 설명 없이 경영진을 갑자기 성능 챔피언으로 변화시킬 수는 없다. 비즈니스 측면에서 가장 빠르게 적용할 수 있으면서 동시에 긍정적인 영향이 가장 큰 개선 사항을 찾아서 많은 비용을 지불하지 않고도 사용자 경험을 개선할 수 있다는 것을 강조하자. 사이트 자원의 특정 수치나 개발 시간을 비즈니스 측면의 수익 개선으로 바꿔 설명하면 경영진과의 대화에서 우위를 점유할 수 있고 나중에는 시간이 더 많이 필요한 성능 작업도 지원받을 수 있을 것이다.

경영진과 대화할 때는 인터넷에 공개된 관련 연구와 여러분의 사이트를 대상으로 여러분이 직접 수행한 실험, 이에 대한 비즈니스 측면의 비용에 대한 내용이 골고루 섞여 있어야 한다. 이러한 종합적인 접근 방식은 사내 관계자들의 관심을 최대한 끌 수 있는 비즈니스 요소나 연관 지표를 바탕으로 해야 한다.

사이트 속도 체감하기

사용자가 여러분의 사이트에서 느끼는 것을 경영진이 직접 느끼도록 하는 것이 중요하다. 하루 종일 숫자만 이야기할 수도 있지만, 성능이 사용자에게 어떤 영향을 미치는지 느끼게 하려면 사이트의 사용자 경험에 집중시켜야 한다. 여러분이 속한 조직 내 사람들은 빠른 인터넷과 최신 하드웨어를 통해 사이트에 접속하고 있으며 일반 사용자들보다 데이터 센터에도 더 가깝다. 다른 지역의 사람은 사이트를 어떻게 느끼고 있는가? 또한 데스크톱 컴퓨터를 사용하지 않는 사용자는 사이트를 어떻게 느끼고 있는가?를 강조하자.

웹페이지테스트(WebPagetest)를 이용해 위치와 기기 설정을 변경해서, 실험을 여러 번 실행한 후 결과를 비교하자. webpagetest.org/video/compare.php?tests=⟨실험 ID 1⟩, ⟨실험 ID 2⟩ ... 같은 형태의 하나의 URL로 여러 실험 결과를 함께 보고 비교할 수 있다.

그림 8-2는 허핑턴포스트지의 사이트에서 3개의 다른 테스트를 실행하고 있는 모습이다. 하나는 버지니아에서 데스크톱의 크롬 브라우저를 통해, 다른 하나는 싱가포르에서 데스크톱의 인터넷 익스플로러 8을 통해, 나머지 하나는 버지니아에서 안드로이드 핸드폰의 크롬 브라우저를 통해 접속했다. 결과를 보면 각 테스트마다 수치들이 크게 달라 접속 기기 및 지역에 따라 성능 개선이 필요하다는 개선 요구를 도출할 수 있으며, 부가적으로 슬라이드 보기가 사용자 경험의 차이를 느끼는 데 매우 유용하다는 것도 알 수 있다.

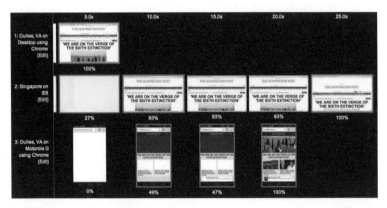

그림 8-2 웹페이지테스트는 여러분이 동시에 테스트를 비교할 수 있도록 슬라이드 보기뿐만 아니라 비디오도 제공한다. 이런 보기 방법을 통해 사이트들의 성능을 더 잘 이해하고 느낄 수 있도록 도와준다.

대화를 성공적으로 이끌어나가기 위한 또 다른 도구는 자존심이다. 성능 개선이 수익에 미치는 영향은 여러분이 경영진에게 조직 내 모든 디자이너와 개발자가 성능을 중요하게 생각해야 한다고 설득할 때 사용할 수 있는 훌륭한 지표지만, 그것이 경영진을 설득하기 위한 유일한 도구는 아니다. 여러분의 사이트도 경쟁 사이트가 있을 테니 그 사이트보다 뛰어난 점이 있어야 함을 적극적으로 강조하는 것이 좋다.

또한 웹페이지테스트는 성능을 시각적으로 비교하는 테스트(그림 8-3 참조)를 시작하기 전에 여러 URL의 성능을 비교하는 기능도 제공한다. 참고로 비주얼 비교 도구의 모든 검사는 버지니아 주의 덜레스를 테스트 위치로 사용한다.

그림 8-3 웹 페이지에 여러 URL을 입력하여 성능 비교 테스트를 할 수 있다.

웹페이지테스트는 테스트가 완료되면 시간에 따라 각 페이지 로딩이 어떻게 바뀌는지 슬라이드로 보여준다(그림 8-4). 게다가 동시에 비디오로 페이지 로딩 과정을 내보내기를 할 수도 있다. 이 기능은 사이트가 로딩되는 방법의 차이를 느끼는 데 정말 유용하다. 숫자를 전혀 사용하지 않으면서도 사용자가 여러분의 사이트와 경쟁 사이트를 같은 시간 동안에 어떻게 느끼는지에 대한 통찰을 얻어내는 데 집중할 수 있다.

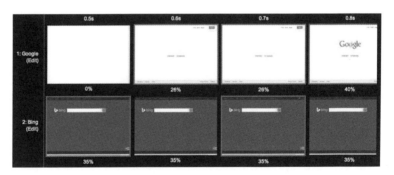

그림 8-4 웹 페이지 테스트의 슬라이드 보기와 비디오 비교를 이용하면 사이트를 더 잘 이해할 수 있을 뿐 아니라 다른 사이트와의 성능 비교도 할 수 있다.

사이트의 페이지 속도와 사용자 경험에 비밀은 없다. 즉, 경쟁 사이트도 여러분의 사이트를 자신들의 사이트와 비교하거나 성능 도구를 통해 여러분이 어떻게 사이트를 구축했는지 확인할 수 있다. 그러니 조직의 경영진에게 사용자뿐만 아니라 경쟁자들도 우리 사이트를 분석한다는 사실을 상기시키자. 여러분의 사이트가 경쟁자의 사이트를 능가할 수 있도록 하자.

마지막으로 소개할 필름 및 비디오 뷰 활용법은 사이트에 성능 개선을 적용하기 전/후를 비교하는 것이다. 성능 개선이 연관 지표에 미친 영향을 측정하는 것도 다른 사람을 설득하는 데 강력한 힘을 발휘하지만 사이트 로딩이 얼마나 달라졌는지 시각적으로 보여주는 것도 지표만큼이나 큰 도움이 된다. 특히 실제 페이지 로딩 시간보다 체감 로딩 시간을 개선했을 때 이를 시각적으로 보여주는 것이 다른 사람을 설득하는 데 더욱 유용하다.

지금까지 설명한 도구들을 이용해 조직 내 구성원 모두가 성능에 영향을 미치며 모두가 성능에 대한 책임이 있다는 사실을 경영진에게 설득하자. 사용자 경험에 영향을 미치는 모든 구성원이 사용자가 사이트를 빠르다고 느끼게 만드는 일이 업무에서 가장 중요하며 이를 위해 성능을 우선시해야 한다고 생각하는 것이 필요하다.

디자이너, 개발자와 일하기

교육 및 담당자의 권한 강화는 성능 개선 작업을 위해 함께 일하는 디자이너와 개발자들을 독려하는 데 있어 필수적인 요소다. 성능 챔피언팀은 디자이너와 개발자들이 언제 어떻게 사이트의 성능에 변화가 생기고 왜 성능에 신경 써야 하며 성능에 미친 영향을 어떻게 확인할 수 있는지 스스로 이해할 수 있도록 지속적으로 교육시킬 책임이 있다. 단기적으로는 성능 저하로 인한 부정적인 결과를 강조하는 것이 성능의 중요성을 쉽게 설명하는 방법이겠지만, 장기적으로는 성능 개선을 지지하고 축하하는 것이 더 좋은 결과를 낳을 수 있다. 멋진 사용자 경험을 제공하거나 성능에 긍정적 영향을 주는 일이 얼마나 의미 있는 일인지 주변 사람들이 알 수 있도록 노력해보자.

교육하기

성능에 초점을 맞추면 디자이너와 개발자에게 여러모로 도움이 된다. 사이트를 만들기 전부터 코드의 문맥과 재사용성을 고려하면 나중에 디자이너와 개발자의 시간을 많이 아낄 수 있다. 코드는 간결하게 만들어 두자. 또 디자인 패턴은 수정이 용이하고 재사용할 수 있도록 해 두면 골치 아픈 일을 마주칠 일이 줄어든다.

여러분이 성능 챔피언이라면 평상시에도 조직 내의 다른 사람들에게 성능에 영향을 미치는 방법을 교육해야 할 것이다. 강의나 워크숍뿐 아니라 도시락 세미나도 디자이너나 개발자가 성능에 집중하는 것이 스스로 발전하는 길이라는 것을 알리고 소통하기에 좋은 시간이다. 이런 기회가 온다면 다음의 주제들을 가지고 이야기해보자.

- 모바일 기기의 성능은 무엇에 의해 좌우되는가
- 설계 단계에서 사람들은 성능에 어떤 영향을 미치는가
- 체감 성능을 향상시킬 수 있는 방법은 무엇인가

다른 사람들이 만든 성능 좋고 쾌적한 사용자 경험을 가진 디자인에 대한 슬라이드와 프레젠테이션 비디오를 공유하자. 교육은 꾸준히 진행해야 한다. 성능을 중요시하는 문화에 익숙하지 않은 신입 사원이나 자료를 찾아볼 시간이 없을 정도로 바쁜 사람들이 있을 것이다. 그들을 위해 점심시간을 활용한 스터디나 비공식 교육을 통해 구성원 모두가 성능에 긍정적인 영향을 미칠 수 있는 방법을 정기적으로 공유하자.

여러분의 조직에서 허용 가능한 페이지 로딩 시간의 기준을 만들자. 얼마나 느려야 매우 느린 것일까? "우리는 각 페이지의 총 페이지 로딩 시간이 1초 이하가 되는 것을 목표로 하고 있습니다"처럼 페이지 로딩 시간의 허용 범위 값을 조직 내 모두에게 알리자. 또한 사이트에서 최고의 성능을 보이는 페이지는 무엇인지, 그 페이지는 어떻게 로딩되는지 평가하고 그 페이지를 사이트에서 벤치마크하자. 반대로 접속자가 많은 페이지들 중에서 성능이 최악인 페이지의 로딩 시간도 측정하고, 팀 모두에게 그 페이지를 가능한 한 빠르게 만드는 일에 집중하자고 제

안하자. 사람들에게는 따르기 쉬운 가이드라인과 벤치마크가 필요하며 목표와 성취 기준을 명확하게 가이드해야 한다.

만약 여러분이 자동 테스트를 통해 사이트의 중요한 페이지들에 대한 성능 정보를 모을 수 있는 환경이라면 바로 실행하자. 페이지의 성능이 저하될 때 팀이 그 내용을 확인할 수 있게 한다면 어떤 변경 사항으로 인해 성능 저하가 발생했는지 쉽게 파악할 수 있다. 성능 저하가 발생하면 여러분이 경고 메시지를 받을 수 있도록 해 두고, 이를 다른 디자이너나 개발자와 함께 공유하여 구성원 모두가 사이트의 발전에 따라 함께 성장할 수 있도록 해야 한다.

새로운 프로젝트마다 새로운 성능 예산을 잡고, 프로젝트에 속한 모든 디자이너와 개발자가 성능 예산이 의미하는 바를 알고 있는지 확인하자. 그리고 성능 예산에 포함된 숫자의 의미, 아름다움과 속도 사이에서 올바른 결정을 내리는 방법에 관해 교육하자. 성능 예산에 대한 자세한 내용은 7장 '성능 예산을 이용해 새로운 디자인 시도하기'에서 볼 수 있다. 무엇보다 팀 전체에게 성능을 위한 기본 지침과 이해와 측정이 쉬운 지표를 제공한다면 더욱 멋진 사용자 경험을 만들 수 있을 것이다.

역량 강화

사람들이 업무를 진행하면서 올바른 결정을 주도적으로 내릴 수 있게 하려면 그들이 현재 수행하고 있는 작업이 성능에 미치는 영향을 가시적인 성능 데이터를 통해 볼 수 있도록 해야 한다. 엣시 사이트에는 직원이 사이트에 로그인하면 표시되는 툴바가 있다(그림 8-5). 디자이너와 개발자들은 페이지의 툴바를 통해 현재 작업하고 있는 페이지의 정보를 확인할 수 있다. 이 툴바에는 방문 트래픽 데이터, 이 페이지에서 현재 수행되고 있는 실험 목록, 페이지를 모바일 버전으로 볼 수 있는 도구가 포함되어 있다. 또한 성능 타이밍 데이터와 서비스 레벨에서 미리 합의한 성능 합의 기준을 초과하는 경우에 대한 경고도 툴바를 통해 보여준다.

그림 8-5 엣시 사이트는 현재 페이지에서 작업 중인 직원에게 툴바를 보여준다. 이 툴바는 성능 타이밍 데이터를 보여주고 페이지에 성능 문제가 생기면 해당 페이지에서 작업하고 있는 디자이너나 개발자가 이를 알 수 있도록 경고 표시를 해준다.

이러한 방법으로 성능 데이터를 보여주면 디자이너와 개발자에게 성능이 사용자 경험의 일부라는 사실을 지속적으로 상기시키는 데 유용하다. 디자이너와 개발자들이 사이트가 빠른지 확인하기 위해 페이지가 완성될 때까지 기다리지 말고 앞서 언급한 방법처럼 작업 중간에 확인할 수 있도록 교육시키자. 또한 디자이너와 개발자가 주도적으로 결정할 수 있도록 도와주자.

이런 정보를 정기적으로 공유할 수 있는 또 다른 방법은 사이트의 성능이 퇴보하는 경우 자동으로 이메일을 받도록 하는 것이다. 이메일을 통해 구성원에게 성능 저하를 알려주는 일은 구성원이 주도적으로 성능 저하를 해결하도록 하는 데 중요한 첫 걸음이 된다. 이런 방법들을 통해 성능 지표에 대한 지식이 구성원들의 회사 생활과 일일 워크플로에 스며들도록 해서, 자연스럽게 성능 개선을 업무의 일부로 느끼도록 한다.

성능이 무엇이고 자신들이 어떻게 성능에 영향을 미칠 수 있는지를 알고 더불어 필요한 도구 사용법을 교육받으면 사람들은 자신들의 성능 개선을 위한 역량이 강화되었다고 느끼기 시작할 것이다. 하지만 이것만으로는 아직 충분치 않다. 앞서 말했듯 성능은 기술보다는 조직의 문화와 깊은 관련이 있기 때문이다. 그러므로 사람들이 사이트 속도를 개선하기 위한 수많은 기술적 해결책을 가지고 있더라도 조직 내에 성능 중심 문화를 정착시키는 작업이 추가적으로 필요하다.

여러분이 속한 조직의 문화를 바꾸는 방법 중 하나는 여러분의 성능 개선 노력을 회사 내에 알리는 것이다. 내가 딘(Dyn) 사에서 일했을 때 나는 큰 템플릿을 어떻게 정리했고 그 내용이 사이트의 성능을 얼마나 개선했는지 요약해 블로그에 게시했다. 그것은 딘의 블로그를 읽는 회사 밖의 사람들에게 자료를 제공하기 위한 목적이기도 했지만 동시에 던의 직원들 모두가 읽을 수 있도록 하기 위해서였다.

프론트엔드 아키텍트이자 컨설턴트인 해리 로버츠(Harry Roberts)는 고객을 위한 성능 작업들을 마치고 나면 고객들에게 숫자를 공유한다. "고객들은 숫자에 매우 흥분했다. 심지어 직접 테스트를 수행하기도 했다. 고객들을 끌어들이기 위해 이런 숫자들을 제공하면 고객들은 사이트 만드는 일을 자기 일처럼 생각하기 시작하고, 나만큼이나 수치를 줄이는 데 신경을 쓴다."

성능 개선 작업을 게시해 공개적으로 축하하는 것은 많은 디자이너와 개발자들에게 자극이 된다. 그림 8-6처럼 개선 사항을 전시하는 것은 조직 문화의 변화를 이끌어낼 뿐 아니라 성능 개선에 기여하도록 격려하는 데 매우 좋은 방법이다.

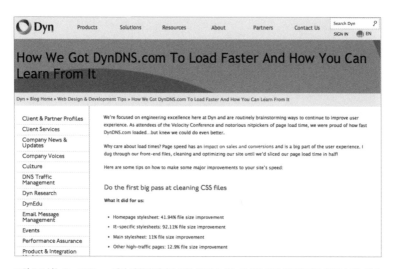

그림 8-6 나는 DynDNS.com에서 템플릿 정리를 마친 후 내가 성능 개선을 위해 무엇을 했고 얼마나 성능 향상이 생겼는지 발표했다.

엣시의 성능팀은 조직 내 문화에 변화를 주기 위해 자료를 공개하는 전략을 시도했다. 2011년, 성능팀은 사이트 내 방문자가 가장 많은 페이지의 로딩 시간에 관한 요약 자료가 포함된 성능 보고서를 처음 발표했다(그림 8-7). 성능 개선의 기회를 함께 알고 이를 인정하는 것이 중요하다는 판단하에 일부는 당황할 수도 있는 몇 가지 지표도 보고서에 함께 수록했다. 사이트의 속도는 누구나 측정할 수 있으므로 비밀이 아니며, 엣시에 근무하는 사람이라면 누구나 사이트의 실제 사용자 경험에 영향을 줄 수 있기에 이 숫자들은 함께 중요하게 알고 있어야 한다고 판단한 것이다.

첫 번째 보고서 발표 후 홈페이지 작업을 담당하는 팀은 보고서에 포함된 숫자에 크게 당황했다. 그 후, 그 팀은 아름다움과 속도 사이의 균형을 잡기 위한 일부 기능과 디자인 수정을 결정했고 결국 로딩 시간을 단축할 수 있었다.

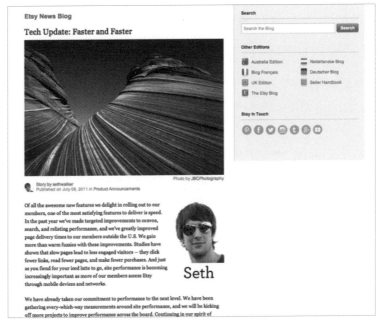

그림 8-7 2011년 엣시는 첫 성능 보고서를 발표하면서 당황스러울 정도로 긴 페이지 로딩시간을 내용에 포함시켰다.

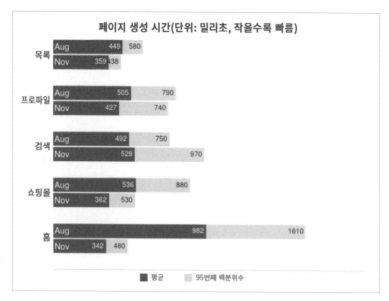

그림 8-8 두 번째 성능 보고서에서는 엣시 사이트 내 홈의 페이지 로딩 시간이 크게 개선되었다.

여러분의 사이트가 어떻게 수행되는지 공개하면 사람들이 사이트에 대한 책임감을 함께 느껴 서로 돕게 된다. 그리고 일반적으로 디자이너나 개발자는 긍정적인 자세로 도와주는 사람들이 많아 성능 보고서와 같은 자료가 공개되면 서로 돕는 분위기가 잘 형성된다.

사내 문화의 변화를 자극하는 또 다른 방법은 성능 향상 작업이 정말로 효과가 있다는 것을 느끼게 하는 것이다. 먼저 작은 노력으로 큰 효과를 볼 수 있는 개선 사항들을 모아 디자이너와 개발자를 위해 문서화하자. 그리고 사람들이 쉽게 참고할 수 있도록 목록을 만들자. 대표적인 것들은 다음과 같다.

- 사이트의 버튼들에 적용된 스타일을 정리하고 정규화하자. 스타일이 다르게 적용된 버튼들이 있다면 어디에 있는지 문서에 정확히 명시하여 사람들이 쉽게 찾을 수 있게 하자.
- 더는 사용하지 않는 것으로 보이는 CSS 덩어리는 스타일시트의 한쪽으로 몰아두자. 그 후 사용하지 않는 것이 확인되면 한번에 정리해 버리자.

- 사이트에서 사용되고 있는 큰 이미지들을 찾아 목록을 만들어서 다시 내보내기하거나 압축하는 등의 방법을 통해 용량을 줄일 수 있도록 하자.

누군가 읽어보고 바로 수정할 수 있도록 목록의 각 아이템마다 수정이 필요한 이유를 충분히 설명하자. 이때 수정하는 시간을 줄일 수 있도록 각 아이템을 쪼개둔다. 수정 시간이 오래 걸릴 만한 작업은 디자이너와 개발자에게 작업을 중단하기 전에 현재까지의 진행 수준에 대한 메모를 간단히 남기도록 하여 다음 사람이 작업을 이어갈 수 있게 한다. 이때 남긴 메모는 다른 디자이너와 개발자가 사이트를 개선하는 데 기여할 수 있도록 쉽고 직관적이어야 한다.

구성원들이 사이트의 전반에 걸쳐 성능에 기여하기 시작할 때 여러분이 해야 할 가장 중요한 일은 그들의 작업을 축하하는 것이다. 각각의 성능 개선 작업마다 기여한 사람에게 감사를 표시하고 내부적으로 그들의 작업을 공개한다(그림 8-9).

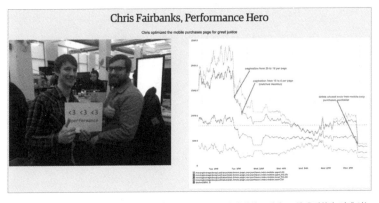

그림 8-9 엣시의 성능팀은 성능 향상에 기여하는 다른 팀이나 사람을 축하하는 대시보드를 운영한다. 이때 성능팀은 기여자들의 사진, 성능 향상을 보여주는 그래프, 기여자가 사용한 해결책의 간단한 설명을 포함한다.

엣시에서는 '성능 영웅'을 축하할 수 있는 내부 대시보드를 운영한다. 이를 통해 사이트의 페이지 로딩 시간이나 체감 성능을 수정하거나 개선하는 데 기여한 다른 팀을 축하한다. 우리와 함께 성능을 개선한 사람들의 창의적인 노력을 보여주고 그들이 구현한 해결책을 설명하며 성능

개선을 강조할 그래프도 넣는다. 또한 엣시 내의 다른 디자이너와 개발
자에게 대시보드가 업데이트되었다는 메일을 보내서 모든 사람이 사이
트를 개선한 사람들을 축하할 수 있도록 한다.

다시 한번 말하지만 모든 사람은 성능에 대한 책임이 있다. 사이트의
사용자 경험에 영향을 미치는 사람은 누구나 사이트의 사용자 경험 구
현에도 관련되어 있기 때문이다. 물론 여러분 혼자의 힘으로 엄청나게
빠른 사용자 경험을 만들어내고 유지할 수도 있다. 하지만 다른 관련자
들도 사이트를 수정할 것이고 또한 웹은 지속적으로 발전할 것이므로
주변의 도움이 없다면 혼자서 힘겨운 싸움을 이어가게 될 것이다. 관련
자들 스스로가 어떻게 성능을 개선할 수 있는지와 자신들이 내린 선택
이 최종 사용자 경험에 어떤 영향을 주는지를 이해하도록 교육하고 역
량을 강화시키자. 성능은 기술보다 문화와 더 밀접한 관련이 있다. 여러
분의 조직 내에 많은 성능 챔피언이 생길수록 더 좋은 사용자 경험을 만
들 수 있다.

웹 성능 개선 작업은 도전적인 만큼 성취감도 크다. 여러분은 여러분
의 사이트를 이용하는 사용자가 멋진 사용자 경험을 누리도록 변화를
만들 수 있는 힘이 있다. 새로운 캐싱 정책이나 이미지 최적화, 재사용
가능한 디자인 패턴 같은 성능 개선점을 찾아보자. 여러분과 함께 일하
는 사람들이 성능 챔피언이 되도록 역량을 강화시키자. 최고의 사용자
경험을 제공하기 위해 노력하고 아름다움과 속도 사이의 균형점을 찾아
내자. 성능에 집중하면 여러분 모두 승리자가 될 수 있다.

찾아보기